新能源汽车发展路径与创新研究

袁　博◎著

河南人民出版社

图书在版编目(CIP)数据

新能源汽车发展路径与创新研究 / 袁博著. —郑州：河南人民出版社，2021. 12

ISBN 978-7-215-12979-5

Ⅰ. ①新… Ⅱ. ①袁… Ⅲ. ①新能源-汽车-工业发展-研究-中国 Ⅳ. ①F426.471

中国版本图书馆 CIP 数据核字(2021)第 257911 号

河南人民出版社 出版发行

(地址：郑州市郑东新区祥盛街 27 号 邮政编码：450016 电话：65788059)

新华书店经销　　河南新华印刷集团有限公司印刷

开本 710 毫米×1000 毫米　1/16　印张 13.75

字数 181 千字

2021 年 12 月第 1 版　　2021 年 12 月第 1 次印刷

定价：35.00 元

自 序

碳中和是近年联合国气候变化大会和各国环境保护实施政策的主要组成部分,是人类实现减少二氧化碳排放量的主要手段。新能源汽车作为节能环保的先锋,在减少二氧化碳排放方面同样发挥着重要作用。碳中和将会成为今后减少温室气体排放量的长期举措。全球新能源汽车产业参与者要在碳中和背景下制定出更加符合产业未来发展的措施。

本书在新能源汽车相关理论的基础上,从分类、技术特点、内部结构、发展历史、未来趋势等方面对新能源汽车这一新兴事物进行系统全面的论述,详细解读了新能源汽车的车型分类和技术细节,同时还系统阐述了产业发展史、发展现状和未来发展方向。本书按照大洲划分,选取全球主要国家的新能源汽车产业发展现状进行详尽全面的分析,指出美国、德国、挪威、英国、日本、韩国等主要新能源汽车产销国的发展特点和存在问题,结合碳中和的相关理论和实现目标,从存在问题、遭遇的挑战和重大机遇三方面对目前全球新能源汽车产业的发展格局进行全面梳理,探索碳中和目标下全球新能源汽车产业的发展路径和创新途径。中国作为全球最大的新能源汽车产销国,在产业规模、技术水平和推广应用方面均处于世界领先地位。本书将中国新能源汽车产业的发展现状分补贴退坡前后两个阶段,证实我国在自身持续快速发展的同时也在积极履行碳排放职责。希望我国能尽早实现联合国制定的碳中和目标,引领全球新能源汽车产业的蓬勃发展。

新能源汽车产业和碳中和是当今的发展趋势。本书紧跟这两大趋势,以新能源汽车产业这一快速发展的新兴产业为切入点,深入研究碳中和目标新形势下的全球新能源汽车产业,为产业的健康持续发展提供对策建议。这项研究在理论和实践两方面都具有重要价值和意义。

目 录

一、新能源汽车理论综述

新能源汽车是指采用非常规的车用燃料作为动力来源,或使用常规的车用燃料、采用新型车载动力装置,综合车辆的动力控制和驱动方面的先进技术,组合成的技术原理先进,具有新技术、新结构的汽车。

(一)新能源汽车分类

新能源汽车按照使用范围可以分为以下几类:

1. 纯电动汽车

纯电动汽车(Battery Electric Vehicle)是以车载电源为动力,以电动机为单一驱动源的汽车。纯电动汽车的电力系统主要由动力电池、驱动电机和电驱控制器等部件组成。纯电动汽车没有发动机、多齿比变速箱,使用价格低廉的电力作为动力源,所以与传统燃油车相比具有使用成本低、驾乘体验好、后期保养便捷等明显优势,缺点是续航里程不长、充电时间长,主要适用于市区内通勤,代表车型有比亚迪汉 EV、特斯拉 Model 3、日产聆风。

2019 年全球纯电动汽车销量达到 163.54 万辆,占新能源汽车总销量的 74%,占比与 2016 年相比提高了近 10 个百分点。纯电动汽车进一步扩大占有率,已经成为新能源汽车销量的绝对主力,在新能源汽车的推广普及过程中发挥着重要的、不可替代的作用,是新能源汽车未来的主要发展方向。

2. **混合动力汽车**

混合动力汽车是指在传统燃油车的基础上加装一套电力驱动系统的汽车。混合动力汽车包括插电式混合动力汽车（Plug-in Hybrid Electric Vehicle）和普通混合动力汽车（Hybrid Electric Vehicle）。①

插电式混合动力汽车的电力驱动系统与纯电动汽车完全相同，由于在相同体积的车身内同时存在燃油驱动系统和电力驱动系统，电池容量比纯电动汽车小，发动机性能通常比同尺寸燃油车差，但可以将两套驱动系统组合叠加使用，以达到更高的性能和更长的续航，也可以单独使用电力驱动系统，以达到节能效果；缺点是由于存在两套驱动系统，结构比燃油车和纯电动汽车更复杂，车辆自重的增加使其在馈电状态下油耗高、驾乘体验差。插电式混合动力汽车通常采用发动机和驱动电机并联的结构，车辆行驶时两者同时或驱动电机单独驱动车辆，包括纯电动和混合动力两种模式，动力普遍强于同级别燃油车，但纯电续航较短，综合能耗明显高于纯电动汽车。还有少数增程式电动汽车采用小排量发动机和驱动电机串联的结构，发动机只负责发电，驱动电机负责驱动车辆，包括纯电动和混合动力两种模式。近年并联和串联共存的混联结构车型日益增多，集二者优点于一身，是插电式混合动力汽车未来的发展趋势。插电式混合动力汽车的代表车型为比亚迪唐 DM、比亚迪秦 DMI、理想 ONE、岚图 FREE。

普通混合动力汽车与插电式混合动力汽车同样拥有燃油和电力两套驱动系统，不同的是普通混合动力汽车没有充电口，不能外接电源充电。普通混合动力汽车通过发动机发电，可以单独使用燃油或电力驱动系统，

---

① 本书后文提到的混合动力汽车均泛指插电式混合动力汽车，不包括普通混合动力汽车。

也可以将两套驱动系统组合使用,代表车型有丰田普锐斯、本田雅阁混动版。普通混合动力汽车不需要外接电源,充电便捷,油耗显著低于传统燃油车,在新能源汽车发展初期发挥了重要作用;但由于无法单独脱离发动机使用,节能效果一般,同时随着充电设施的逐步完善和更加节能的插电式混合动力汽车的快速发展,普通混合动力汽车发展缓慢。目前大部分国家和地区把此类车型界定为传统燃油车,没有给予相关优惠政策和资金补贴,这使普通混合动力汽车处境艰难。

混合动力汽车很好地解决了纯电动汽车里程焦虑的问题,可以用于远距离出行;同时,因为有发动机,所以在充电时间过长的情况下可以使用汽油,这大大缩短了能源补给时间,使得它是现阶段纯电动汽车技术瓶颈时期的理想过渡车型。2019 年全球插电式混合动力汽车销量占新能源汽车总销量的 26% 左右,仅次于纯电动汽车,在未来相当长的时间里仍将是新能源汽车推广普及过程中不可或缺的重要力量。

3. 燃料电池汽车

燃料电池汽车(Fuel Cell Vehicle)是用车载燃料电池装置产生的电力作为动力的汽车,是一种将氢、甲烷、乙醇等可燃物质作为燃料,自带燃料发电机的电动汽车。目前以氢燃料电池汽车为主,其使用的燃料为重整高纯度氢气或含氢燃料后得到的高含氢重整气,基本原理是电解水的逆反应:把氢气(H_2)和氧气(O_2)分别供给阳极和阴极,氢气通过阳极向外扩散和电解质发生反应后,放出电子通过外部的负载到达阴极。因为是通过电化学反应而不是采用燃烧(汽、柴油)或储能(蓄电池)的方式发电,氢燃料电池汽车只会产生水和热,所以氢燃料电池是完全的清洁排放,对环境是真正的零污染。此外,氢燃料电池续航里程较长,补给燃料时间较短,一般充满氢仅需 3—5 分钟,相较于插电式电池可大幅度缩短补给时间,这些优势使氢燃料电池汽车非常适合长距离行驶。目前氢燃料电池汽车主要应用于公共交通领域,销量快速增长。2020 年全球氢燃料电池乘用车销量创下历史新高，达到9006辆，同比增长约39%。截至2020年年底，全球加氢站数量已达553座。由于氢燃料电池汽车起步较晚，总销量仍然偏低，占全球新能源汽车的比例不足1%；但随着加氢站的普及，在不久的将来，氢燃料电池汽车会成为新能源汽车的重要组成部分。

4. 其他新能源汽车

其他新能源汽车包括太阳能汽车、核动力汽车等，这些汽车因为技术和推广方面的原因，适用范围窄，某些车型甚至还处于试验阶段，尚未投放市场，占新能源汽车整体规模的比例极低。

（二）新能源汽车特点

与传统燃油车相比，新能源汽车具有以下三大显著特点：

1. 节能环保，使用成本低

目前大部分新能源汽车使用电能作为动力源，少部分使用氢燃料、太阳能等清洁能源。相对于传统汽车使用的汽油或天然气，电能具有价格低、零排放等显著优势。电能使用过程中完全不消耗任何化石能源、不产生任何有害尾气，可以达到节约能源、保护环境的目的，顺应目前各国政府和民间倡导的碳中和减排目标，大大减少了对地球环境的破坏，可以更好地改善大气环境。对于消费者来说，纯电动汽车的能耗大大低于传统燃油车，相同里程的花费仅相当于燃油车的约1/10，使用成本极低。

2. 驾驶乘坐体验上乘

由于纯电动、氢燃料电池、太阳能汽车的驱动系统没有发动机和多齿比变速箱，在行驶过程中没有 NVH（噪声、振动与声振粗糙度）和多齿比变速箱换挡时的顿挫感，同时所需能源都为电能和清洁能源，不会产生刺鼻气味，整个驾乘过程平顺、舒适、安静，可以给驾驶者和乘客上乘的驾乘体验。即使是混合动力汽车，由于一般没有单独的燃油模式，随时需要电力驱动系统的介入，驾乘体验也要普遍好于燃油车，在跟车拍摄、运输易碎物品等特殊情况下可以较好地保证车辆的平稳性，实用性强。

3. 制造难度相对较小，后期保养便捷

由于纯电动、氢燃料电池和太阳能汽车的驱动系统没有发动机和多齿比变速箱，只有新能源驱动系统，内部结构相对简单，制造难度大幅度降低。新能源汽车的保养也十分便捷，仅需要更换必要的部件。此外，新能源汽车的保养周期比传统燃油车更长、保养次数更少，更能节省使用者的费用、时间和精力。

（三）新能源汽车结构

新能源汽车以电能为主要能源，结构与传统燃油车差异巨大。目前新能源汽车内部主要是由动力电池、电控系统、驱动电机三大核心零部件组成，统称为三电系统。纯电动汽车、混合动力汽车和氢燃料电池汽车由于工作原理的不同，内部结构同样存在差异。

1. 纯电动汽车结构

纯电动汽车由于完全使用电能驱动车辆，内部一般只有动力电池、电控系统和驱动电机，结构比传统燃油车和混合动力汽车更加简单，其工作原理是动力电池产生的电流传递给驱动电机的同时，电控系统对驾驶员输入的指令进行处理，向驱动电机发出相应的控制指令，对驱动电机进行

启动、加速、减速和制动控制，驱动电机再通过减速器传递电能至车轮，最终驱动车辆行驶。因为驱动电机启动初期就可以直接爆发出最大扭矩，所以纯电动汽车的前期加速要远快于相同功率下的燃油车，而后期会逐步衰减。

2019 年全球知名的变速箱制造商采埃孚公司研发出全世界首款针对高性能纯电动汽车的二挡变速箱，并率先装配在保时捷 Taycan 纯电动轿跑车型上。二挡变速箱很好地弥补了驱动电机在中后程加速的劣势，使 Taycan 在后程加速的高速行驶中仍然能保持高扭矩输出，可达到起步加速、后程加速和极限速度三项高性能指标，同时提高热效率和进一步降低能耗，做到了性能与节能的理想平衡。变速箱的加入使纯电动汽车在原有结构上发生了新的变化，使其更加完整和完善。

2. 混合动力汽车并联结构

混合动力汽车目前以插电式混合动力汽车为主，即带有充电口、可以通过外部电源来获取电能。目前插电式混合动力汽车一般采用并联结构，发动机和驱动电机以并联的方式共同为汽车提供动力，驾驶者可以根据实际路况和车况来选择模式：在电量充足的情况下用纯电动模式以实现节能；在电量不高或馈电情况下用混合动力模式来保留剩余电量。目前并联混合动力的纯电续航里程普遍不长，相比纯电动汽车差距很大，市场份额不断被其挤占。

3. 混合动力汽车串联（增程式）结构

增程式电动汽车是一种在纯电动模式下可以达到其所有的动力性能，并通过车载辅助供电装置为动力系统提供电能以延长续航里程的电动汽车。车载辅助供电装置与驱动系统没有传动轴（带）等传动连接。增程式电动汽车内部同样由发动机和驱动电机组成，但它们是串联在一起的，发动机仅为电池充电，驱动电机单独为汽车提供动力，二者不能同时驱动车辆。基于此结构下的发动机由于功能单一，排量通常远小于同尺寸下的燃油车和插电式混合动力汽车，可达到节能减排的目的。增程式电动汽车本身可以外接充电，也可通过发动机随时随地发电，很好地解决了目前充换电设施不完善而导致的新能源汽车里程焦虑问题，但同时发动机不参与驱动车辆也导致其性能偏弱，能耗与纯电动汽车相比偏高，存在不小的实际使用问题，是其推广应用的主要障碍。目前增程式电动汽车在混合动力汽车市场的占有率较小。

4. 混合动力汽车混联结构

在插电式混合动力汽车并联结构的基础上将发动机与驱动电机再串联起来，使发动机也能为电池充电，就可以实现串联和并联共存的混联结构，这一方面克服了串、并联各自劣势，另一方面整合了其各自优势，使产品更有竞争力。目前各大汽车企业积极研发混联汽车，早期主要以日系不插电的普通混合动力汽车为主，近年插电式混合动力汽车日渐增多，出现了比亚迪唐 DM 这样的优秀混联产品。2017 年上汽集团自主研发出全球首款针对混合动力汽车的 EDU 电控驱动智能变速箱，其结构如图 1，该系统同时具备串联结构和并联结构，革命性地使发动机和驱动电机共用一台变速箱，解决了以往二者匹配度不高的问题，极大地提高了电控系统的运行效率。

5. 氢燃料电池汽车结构

氢燃料电池汽车的工作原理与纯电动汽车类似，其内部结构也类似，区别在于氢燃料电池系统使氢气与氧气反应来产生电能，然后再通过总线传给驱动电机，驱动电机将电能转化为机械能再传给传动系统，最终驱动车辆前进。总体来说，氢燃料电池汽车结构比传统燃油车和混合动力汽车更加简单。

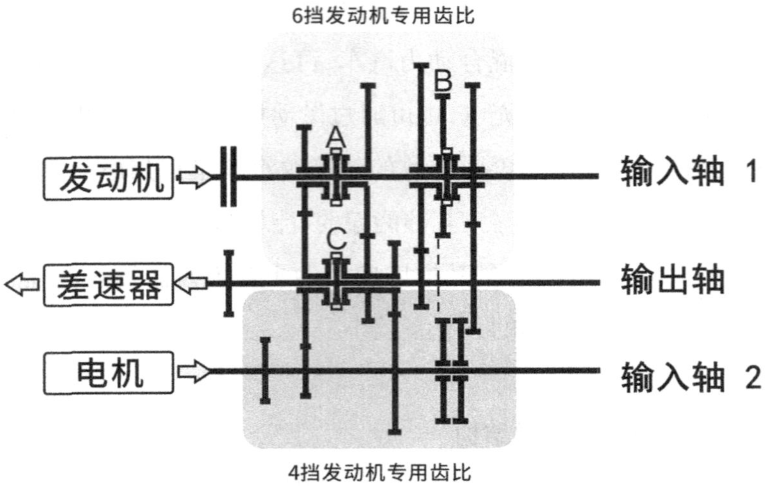

图 1 EDU 智能混联结构

(四)新能源汽车发展历史

新能源汽车发展至今已有 100 多年历史,全世界第一辆公认的电动四轮卡车是由英国人罗伯特 · 戴维森在 1873 年发明的,甚至早于德国人卡尔 · 本茨发明内燃机汽车。19 世纪末 20 世纪初是电动汽车发展的黄金期,当时电动汽车占到了汽车整体保有量的 50% 以上。然而随着石油的大规模开采和内燃机技术的突飞猛进,加之电动汽车在技术方面的缓慢发展,燃油车逐渐占据汽车的绝对主导地位;电动汽车发展几乎停滞不前,逐渐被边缘化。到了 20 世纪末,连续两次石油危机的经历使全球汽车企业重新开始重视并发展以电动汽车为首的新能源汽车。1996 年通用汽车生产出全球第一辆现代电动汽车 EV1,开启了新能源汽车发展的新篇章,产业开始真正发展。2020 年,全球新能源汽车销量约 324 万辆,占全球整体汽车市场的份额大约为 4.2% 。虽然新能源汽车销量整体比例仍然很低,但是增速远高于传统燃油车。新能源汽车未来发展潜力巨大，是汽车产业发展的必然趋势。

（五）新能源汽车技术

新能源汽车在性能、费用、驾乘体验等诸多方面具有明显优势，产业发展十分迅速，在短短的数年时间里已经在汽车整体市场中占有一席之地，但是从整体占比上看依然较低；同时，新能源汽车企业目前在电池续航、成本控制、结构设计等技术领域已经遇到发展瓶颈，需要相关人员研发和创新以寻求技术上的突破。一旦成功地解决目前的发展困境，新能源汽车产业就会迎来更加快速的发展。

新能源汽车未来的发展方向主要包括以下几方面：

1. 动力电池及充换电技术

动力电池是为交通工具提供动力来源的电源，多指为电动汽车、电动列车、电动自行车、高尔夫球车提供动力的蓄电池。动力电池的主要功能是储存电能，传输给电机并转化为动能，从而驱动车辆行驶，是新能源汽车的能量和动力来源。在生产成本方面，动力电池的造价一般占到整车造价的1/3甚至是一半，是新能源汽车最重要也是成本最高的核心组成部分。动力电池的技术水平和产品质量往往决定了新能源汽车整车的技术水平和产品质量，电池的能量密度、使用寿命、安全保障等方面很大程度上决定了消费者对新能源汽车的购买意愿。目前动力电池相关新技术在以下几方面快速发展。

（1）固态锂电池

固态锂电池是相对液态锂电池而言的，是指结构中不含液体、所有材料都以固态形式存在的储能器件，具体来说它由正极材料、负极材料和电解质组成，而液态锂电池则由正极材料、负极材料、电解液、隔膜等组成。

固态锂电池的电解质为固态，采用锂、钠制成的玻璃化合物为传导物质，具有的密度以及结构可以让更多带电离子聚集在一端，传导更大的电流，进而大大提升锂电池的能量密度；相同体积的动力电池的容量更大。目前在乘用车和专用车市场，三元锂电池占据了主流位置，单体能量密度大致在 160—170W · h · kg^{-1}；在客车市场，磷酸铁锂电池占据了大部分市场份额，单体能量密度可以达到 87—135W · h · kg^{-1}。纯电动汽车目前的续航里程普遍在 400—600km，而相同体积的固态电池的能量密度在 400W · h · kg^{-1}左右，最高可达 600W · h · kg^{-1}，是目前动力电池能量密度的 4—5 倍，这意味着电量将以相同的倍数增加，续航里程比之前大幅增加，预计会是目前续航里程的数倍甚至是十倍，将达到上千公里。届时里程焦虑将会大大缓解，新能源汽车的续航里程也会大幅度超越燃油车的续航里程，实现更远距离的行驶，从根本上解决新能源汽车续航里程短的问题。

固态锂电池是未来电池技术的主要发展方向，它可以在与液态锂电池相同体积的条件下实现更长的续航里程，在相同续航里程的条件下具备更小的体积。目前全球主要新能源整车和动力电池企业包括比亚迪、“宁德时代”、LG、中航锂电、丰田等，都在积极研发固态锂电池，但是受限于当前较大的技术难度和昂贵的制造成本，固态锂电池的研发进度比较缓慢，还没有开始在新能源量产汽车上投入使用。但不远的未来，固态锂电池会在新能源汽车领域大展身手，替代现有电池。

(2)氢燃料电池

目前氢燃料电池已经开始在客车、专用车等车型上应用，在商用车上的应用前景十分广阔。全球主要的客车和乘用车企业包括宇通客车、上汽集团、丰田汽车、现代起亚等都在积极研发氢燃料电池。但由于氢燃料获取成本高，专用的加氢站占地面积大，无法在停车场安装加氢设备等，氢燃料电动汽车易用性方面与插电式汽车有较大差距。截至 2020 年年底，全球仅有 553 座加氢站，相比于超过百万台的充电桩，数量仍然偏少，并且某些加氢站不对外开放，这导致现阶段氢燃料电池汽车的能源补给十分困难和不便，氢燃料电池仍需较长时间加大力度推广普及。

(3)太阳能电池

太阳能电池又称为太阳能芯片或光电池，是一种利用太阳光直接发电的光电半导体薄片。太阳能电池是通过光电效应或者光化学效应直接把光能转化成电能的装置。太阳能电池最早用于工业发电，后来随着生产成本的降低和转化率的提高，开始广泛用于家庭发电，走进广大普通百姓家中。目前光伏产品的使用已经成为许多家庭日常生活的一部分。太阳能电池把太阳光作为能量来源，将其转化为电能驱动车辆行驶，所以转换过程不受时间、空间限制，而且能源成本为零。因此，相对于锂电池和燃料电池，太阳能电池在能源获取需要的空间和时间方面具有不可比拟的巨大优势，真正做到了随时随地免费获取能源，可以从根本上解决新能源汽车充电难、充电慢的问题。世界上第一辆太阳能汽车可以追溯到20世纪70年代末。但是现阶段太阳能电池能量转化率低，同时需要电池板裸露在车身外，极易破损，加之太阳能电池薄膜的成本较高，使得太阳能汽车推广普及一直停滞不前，至今没有实现量产。不过目前已有企业在积极研发太阳能电池汽车，太阳能电池汽车实现量产指日可待。

(4)无线充电技术

里程是目前消费者购买新能源汽车时的主要顾虑之一，究其原因是现阶段动力电池技术提升较慢，续航里程不长，无法满足消费者的需求。在电池本身能量密度没有突破性提高的现状下，就需要从其他方面入手，改良现有的能源补给方式，来间接增加续航里程，解决里程焦虑问题，而无线充电技术就是在这种大背景下产生的。

无线充电技术是不需要线缆的一种充电技术，可以分为小功率无线充电和大功率无线充电两种方式。小功率无线充电常采用电磁感应式，如手机充电的Qi方式，目前已经开始在部分手机产品上应用；大功率无线充电常采用谐振式，由供电设备(充电器)将能量传送至用电设备，该装置使用接收到的能量对电池充电，并同时供其本身运作之用，目前该技术主要是应用在电动汽车的无线充电方式上。无线充电由于没有线缆的束缚，相较于有线充电更加方便，车辆可以在无线充电板上灵活自由停放，不受周边环境的限制；同时，无线充电没有机械磨损，也避免了有线充电由于线缆接触不良而出现的故障，安全性进一步提高，使用寿命得以延长。

目前包括奥迪、奔驰、宝马、丰田、沃尔沃等汽车企业都在积极研发无线充电技术，奥迪已经在部分高端车型上使用了这项技术。除了静态无线充电，光伏企业同样在积极研发动态无线充电技术，使电动汽车可以在道路行驶的过程中通过铺设在道路上的无线充电装置充电，真正实现随时随地获取能源，彻底解决里程焦虑的问题。2017 年 12 月 28 日，全球首条光伏公路在山东省济南市建成。光伏路面可将太阳能转换为电能，再由路面下的电磁感应线圈为电动汽车无线充电，真正实现了能源的无限获取。但是由于目前无线充电和光伏公路只是处于试验阶段，还没有真正大规模应用，无线充电真正普及尚需时日。

(5)换电池技术

除里程焦虑之外，充电时间过长也是制约消费者购买新能源汽车的一大因素。虽然目前已经有在逐步改善的快充技术，但与燃油车的加油时间相比，充电时间仍然过长。在充电速度无法大幅度提升的现状下，换电池技术（简称换电技术）可以有效解决续航里程不长的问题。换电技术就是将新能源汽车驶入指定的换电站，通过装置将现有电池卸载，将已充满电的电池替换装载的技术，主要实现方式见图 2。换电技术可以显著缩短充电时间，甚至短于燃油车的加油时间，大幅度提升汽车的续航能力，消除里程焦虑；同时，闲置电池可以采用慢充方式，延长其使用寿命。目前已有北汽新能源、蔚来、国金等新能源汽车企业在积极研发换电技术并投入使用，其中蔚来已经建成全球最大规模的高速公路换电网络，其换电站已经升级到第二代。但同时换电技术仍存在诸多发展障碍：首先，换电站投入成本较高，短期内难以达到加油站的分布密度，无法满足所有车主的需求；其次，换电站要求所有车型使用统一的电池尺寸规格，客观上限制了汽车企业推出的汽车尺寸种类，从而影响企业的长期发展规划；最后，还有更换过程中出现的电池衰减、安全防护等问题尚待解决。虽然以色列的 Better Place 公司和特斯拉公司的换电服务均以失败告终，但就目前的形势来看，换电技术仍然是解决新能源汽车里程焦虑的最有效的方法。

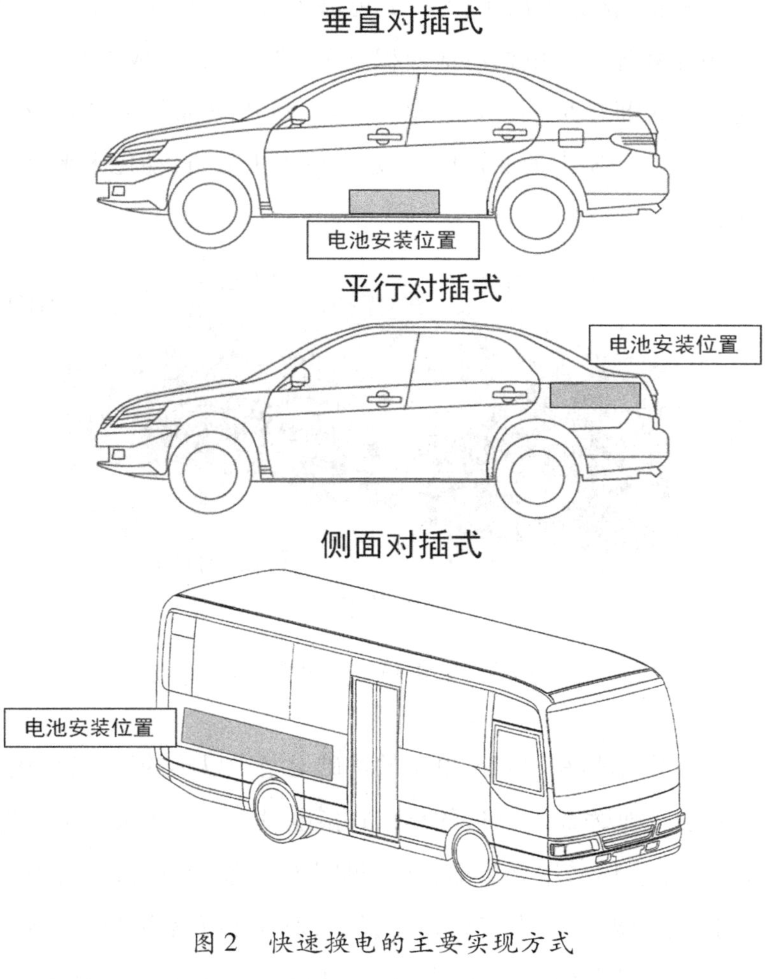

图 2　快速换电的主要实现方式

虽然换电技术目前遇见了一些问题,但它可以大幅度提高电能补充效率、延长电池使用寿命、消减里程焦虑,发展前景仍然大好,是今后新能源汽车重要的辅助技术,近两年又在技术和模式方面出现了新的方向和趋势。

提高换电技术水平,绕不开以下几个方面:

①增加集约型换电设施

换电站除要为新能源汽车提供换电服务之外,还要对动力电池进行储备、充电、检测、保养等操作,保证其能够正常稳定使用。基于以上多种功能的换电站相比于充电桩占地面积更大、建设和运营成本更高,一直制约着换电模式的推广应用。针对这一现状,国内最大的电网企业——国家电网正在主导研发占地面积更小、建设成本更低、自动化水平更高的集约型换电站。

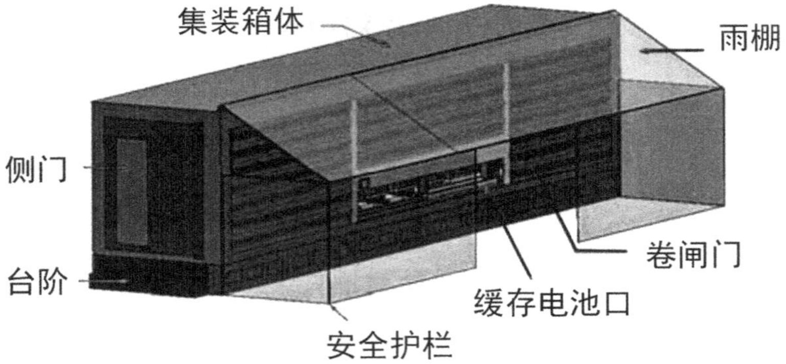

图3　集装箱主体效果图

集约型换电站是在原有换电站的基础上基于以集约型、模块化、高效率为核心的技术研发思路建造的集成式换电设备。为了最大限度地利用土地,换电站地主体采用高箱集装箱(见图3)的设计方案,并对内部进行一体化充换电系统设计、电气模块化设计,对功能子系统集成优化,采用信息监控和多工位集约化,实现电池充换电自动甄选和存取功能,提高自动化水平。集装箱一般可以提供超过20个充电工位。由于储存的动力电池较多，为保障使用过程中的安全，集装箱体增加了雨棚、卷闸门、安全护栏等防护设备，以保障使用过程中的安全稳定。

电池取放系统（见图4）是整个集约型换电站的核心系统，负责快换电的操作，主要由底座、电池缓存架和电池取放行走机构三部分组成，为全自动智能系统。基本流程是由电池缓存架的电动推拉机构将集装箱内的待换动力电池推出电池架，放置于电池缓存架等待更换。电池自动取放装置通过伺服定位模块与标签定位模块组成的定位系统完成对电池的精确定位，通过吸盘完成对电池的抓取与推放动作，负重达到200kg以上，单节电池取放时间为20s，能够同时取放2组电池。与现有技术相比，大幅提高了换电的工作效率和安全性。

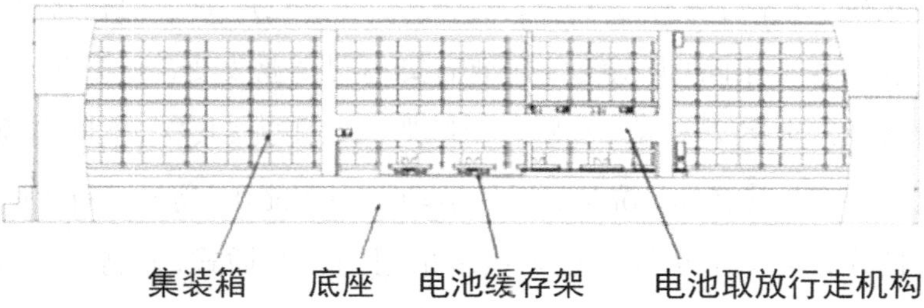

图4　电池取放系统

集约型换电站由于设备集成度和自动化水平高，相比常规的充、换电仓减少50%以上的占地面积，大幅度降低了建设和运营成本，提高了换电服务的质量。目前国家电网已经开始在部分地区试验集约型换电站，预计在不久的将来会正式投入使用。

②制定统一标准

新能源汽车的充电技术与产业本身几乎是同步发展，经过近20年的不断完善和进步，目前充电的接口标准已经统一，不同品牌的纯电动汽车已经可以在不同品牌的充电桩上进行充电。统一标准使充电变得更加便利高效，显著提升了产品的吸引力和竞争力，加速新能源汽车的推广普及，促进产业整体的发展。换电技术由于起步较晚，同时涉及专利与商业机密，目前还处于各大厂商自主研发、各自为政的发展阶段，各车企内部的发展阶段和路径也不尽相同。蔚来的发展阶段走在了行业前沿：在换电模式的初始阶段就制定了统一标准，旗下所有车型均使用相同规格的动力电池，同一种电池可以为不同的车型更换。2018 年年底，蔚来又推出业界首创的电池升级服务，用户可以付费更换更高容量的动力电池，费用远低于整车价格，使用现有车辆就可以提升续航里程，极大地节省了费用，这在新能源汽车发展历史上有重要的意义。

虽然标准化对产业发展有诸多益处，但换电技术需要电池规格和更换方式两方面的一致，制定统一标准依然面临着巨大障碍。首先，动力电池品牌众多，全球目前有近 10 家主要动力电池生产商，材料、排列、能量密度等规格各不相同，强制统一标准需要不同企业改变自己的生产方式，势必会涉及产业各方利益，主观上会遭遇巨大阻力；其次，不同车型的换电方式也存在巨大差异，轿车、SUV（运动型多功能车）等小型车辆多采用垂直对插式，客车、卡车等大型车辆多采用侧面对插式，强制统一标准就需要对不同的车身及底盘结构进行改造，势必会对车辆行驶和安全方面造成重大影响，客观上也难以实现。

统一标准虽然困难重重，但从长远来看对产业发展有明显的促进作用，是换电模式的必经之路。目前已经出现能储备同一换电方式的不同规格动力电池的换电站，可以为相应的不同品牌车辆进行换电。随着技术的进一步改进，标准化换电模式终将会实现。

2. 电控系统

电控系统包括电池管理系统、电子控制单元、变速箱控制单元和电气设备管理系统，负责车辆动力电池、驱动电机和电气设备的管理和控制，是新能源汽车的车辆整体运行管理系统，在车辆运行中的作用十分重要，地位举足轻重，是新能源汽车的"大脑"。近年，电控系统产业发展迅速，新技术层出不穷，特别是在功率模块领域，传统的车规级 IGBT(绝缘栅双极型晶体管)材料由于新能源汽车性能和续航的更高要求开始在发展过程中遇到阻碍和瓶颈，新材料、新技术和新结构成为电控系统产业新的发展方向。

(1)碳化硅(SiC)功率模块

碳化硅是一种无机物，是用石英砂、石油焦(或煤焦)、木屑(生产绿色碳化硅时需要加食盐)等原料通过电阻炉高温冶炼而成，又称碳硅石。在大自然是罕见存在的矿物，称莫桑石。在碳、氮、硼等非氧化物高技术耐火原料中，碳化硅是应用最广泛、最经济的一种，可以称为金刚砂或耐火砂。碳化硅相比硅基半导体主要有以下几大优点：高压、高频、高速，损耗降低；功率密度提高，对于同样的电流，设备的尺寸可以做得更小；沟槽型的技术可以使失效率更低；频率提高，电容电感体积的要求可大大降低，系统尺寸也会大大缩小；控制简化，系统成本降低。碳化硅目前在高铁列车、电动汽车充电系统等需要 1200V 以上的高电压功率模块领域已经开始应用，并取得不错效果，很好地弥补了 IGBT 在大功率高电压方面的不足。碳化硅未来的发展方向是运用在更低电压和更小功率的乘用车领域，它可以将新能源汽车的效率提高 10% 以上，是 IGBT 的理想替代品。

目前英飞凌、比亚迪、三菱、日立、"中车时代"等全球各大 IGBT 生产商都在积极研发新能源汽车的碳化硅功率模块系统，但由于目前还处在早期开发阶段，碳化硅相比 IGBT 成本较高，二者还将同步发展，较长时期内共存。目前已有厂商在研发碳化硅和 IGBT 混合材料的功率模块，这既可以提高工作效率，又可以降低量产难度和成本；同时，电容电感尺寸要求也可大大降低，因此可以降低系统的整体成本。2018 年特斯拉 Model 3 纯电动轿车开始陆续换装碳化硅功率模块，成为全球首款搭载碳化硅功率模块的新能源车型。相信在不远的将来，碳化硅终将会取代

IGBT,成为新能源汽车新一代功率模块。

(2)第三代半导体材料氮化镓(GaN)

氮化镓属第三代半导体材料,六方晶系纤维锌矿结构,具有禁带宽度大、热导率高、耐高温、抗辐射、耐酸碱、高强度和高硬度等特性,是目前工业领域最受欢迎的半导体材料之一。氮化镓基础材料在高亮度蓝、绿、紫和白光二极管,蓝、紫色激光器以及抗辐射、高温大功率微波器件等领域有着广泛的应用潜力和良好的市场前景。除了碳化硅,氮化镓也是近年快速发展的功率模块新型材料。基于氮化镓材料制成的晶体管是高频和超高效电源转换的核心,具有比硅基半导体器件更卓越的性能,能够提供更高效、更紧凑的电源适配器设计。从技术角度看,氮化镓器件在性能、效率、能耗、尺寸等方面较市场主流的硅基半导体器件均有显著数量级的提升。例如,相比主流的硅基 MOSFET、IGBT,氮化镓器件的开关频率可以高出 1000 倍,能量损耗可以降低 50%—90%;每瓦尺寸和重量降至原先的 1/4,系统成本大幅降低。虽然性能优势明显、应用前景广阔,近年相关行业巨头也纷纷增加对氮化镓器件的研发和商业化投入,但是目前技术仍不够成熟,研发成本和量产难度较高,全球范围内能将氮化镓器件推进到商业化规模化量产的公司仍然屈指可数,仅包括 EPC、英飞凌、Transphorm 等。但终有一日,氮化镓会取代现有的 IGBT,和碳化硅一样成为新一代功率模块的核心材料。

(3)集成式车规级 IGBT 模块

近年轮毂电机的研发成为新能源汽车电机系统的主要发展方向。轮毂电机指驱动电机直接放置在车辆的轮毂内,不再放置于车身当中,电机输出的动力直接传送给轮胎,驱动车辆行驶。轮毂电机极大地提高了电机输出效率,最大限度地降低能量损耗和简化新能源汽车的内部结构,是未来电机系统的理想发展方向。目前全球各大主要新能源汽车和电机生产企业都在积极研发轮毂电机。作为驱动电机核心部件的 IGBT,在结构、体积、性能等方面都要根据轮毂电机进行相应的调整和优化,车规级

IGBT在未来轮毂电机中最主要的变化是提高集成度。由于轮毂电机放置在汽车各个轮毂内，各自独立工作，所以需要多个车规级IGBT模块单独控制；轮毂内的空间相对于车身更小，车规级IGBT模块只能够放置在有限的空间内，需要其结构更加紧凑、体积更小、重量更轻；由于放置在轮毂内，抗震性和稳定性方面的标准也大大提高。

3. 驱动电机

驱动电机分别连接新能源汽车的动力电池和传动轴。动力电池的电量输出到驱动电机，通过驱动电机将电能转化为动能，传输到传动轴，由传动轴将动力输出到轮胎，最终驱动车辆行驶。驱动电机内部集成了电控系统和单级变速箱，代替了燃油车的发动机和多齿比变速箱，大大简化了汽车的内部结构，是新能源汽车不可或缺的重要组成部分。驱动电机技术由于之前在许多领域被广泛应用，发展得较为成熟。

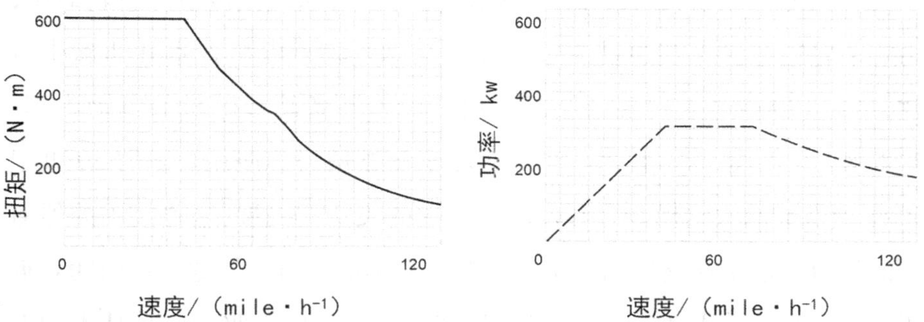

图5　驱动电机扭矩和功率输出曲线（以特斯拉 Model S 为例）

注：mile/h 表示英里/时，1 mile/h = 1.609344km/h

图5为Model S的扭矩和功率输出曲线图，其中实线为车辆的输出扭矩，虚线为车辆的输出功率。从图中可以看到，在0—42mile/h（约0—67km/h）的速度范围内，车辆始终能够输出600 N·m的最大扭矩，输出功率随着转速的逐步上升在同步上升；当速度达到42mile/h时（约

67km/h)时总输出功率达到最大,之后输出扭矩开始衰减;42—73mile/h(约67—117km/h)时,驱动电机依然可以提供足够大的扭矩,由于转速仍然处于上升阶段,与扭矩下降相互抵消,驱动电机的功率依旧处于320kW的峰值;当速度达到73mile/h(约117km/h)时转速达到峰值,之后开始下降,导致驱动电机总输出功率同时开始下降,此时扭矩开始加速衰减,直到130mile/h(约208km/h)时输出扭矩只有100 N·m左右。驱动电机后期扭矩衰减的先天劣势是造成这一结果的最主要原因,但同时单级减速器在汽车的整个加速过程中只负责传递动力的工作,在后程加速疲软的情况下对提升扭矩没有起到任何作用,这也是导致汽车后程加速衰减的一大原因。

目前新能源汽车的驱动电机主要分为永磁同步电机和交流异步电机两大类,近年新能源汽车的驱动电机技术出现了一些新的发展趋势。

(1)轮毂电机

轮毂电机技术就是将集成了减速器的电机总成直接布置在轮毂中,由4个轮边电机直接驱动4个车轮的技术。轮毂电机技术并非新生事物,早在1900年,人们就已经制造出了前轮装备轮毂电机的电动汽车。20世纪70年代,这一技术在矿山运输车等领域得到应用。随着20世纪60年代石油的大规模开采和发动机技术的飞跃式发展,电池技术的停滞不前使得燃油车在此后的数十年占据了汽车的绝对主导地位。而随着近年新能源汽车的重新崛起,轮毂电机技术再一次成为驱动电机技术的发展趋势和方向。

目前新能源汽车的驱动电机一般采用前置、后置电机和前后多电机的布置方式,分别连接动力电池和传动轴,结构较为成熟,装配简易,但由于需要经过传动系统才能将动力输送至轮胎,不可避免地造成电机功率的损耗,影响汽车的性能和驱动电机的使用寿命。轮毂电机将动力装置、传动装置和制动装置一起整合到轮毂内,得以将电动车辆的机械部分简化,提高了车身的空间利用率。轮毂电机直接将动力传输到轮毂,在传动过程中几乎无损耗,车辆性能得以完全发挥。同时轮毂电机具备单个车轮独立驱动的特性,可以轻松实现前驱、后驱和四驱的驱动方式,全时四驱在轮毂电机驱动的车辆上实现起来非常容易。这些优势都是传动电机不可比拟的。当然现阶段轮毂电机需要在空间较小的轮毂布置,导致其结构较为复杂、技术难度较高,需要较长时间的研发来实现技术的真正普及。

(2)扁线电机

驱动电机主要由定子组件、转子组件、端盖和辅助标准件组成,而定子组件中又包括铁芯、铜线绕组、绝缘材料等部分,扁线电机是定子绕组中采用扁铜线,先把绕组做成类似发卡一样的形状,穿进定子槽内,再在另外一端把发卡的端部焊接起来的驱动电机。扁线电机与圆线电机的区别在于铜线的成形方式。扁线有利于电机槽满率的提升:一般圆线电机的槽满率为40%左右,而扁线电机的槽满率能达到60%以上。槽满率的提升意味着在空间不变的前提下,可以填充更多的铜线,产生更强的磁场强度,显著提升功率密度。扁线之间接触面积大,相比于圆线电机,热导性能更好,温升更低。有数据显示扁线电机温升比圆线电机低10%左右。另外,扁线电机还可以通过节省端部铜材的方式提升铜线利用率,从而达到降低成本的目的。总体来看,相比于圆线电机,扁线电机效率更高、体积更小、重量更轻、成本更低,是未来驱动电机的必然发展趋势。近年汽车企业开始逐步使用扁线电机替代圆线电机。早在2007年雪佛兰Volt就开始使用Hair-Pin(发卡式扁线电机),2013年日产在其电动汽车产品上使用过扁线电机,2015年丰田第四代普锐斯开始装配扁线电机。随着普锐斯的销量攀升,扁线电机开始得到规模化应用,上汽、长城、保时捷、东风、宝马、大众、比亚迪、吉利等企业相继在旗下车型上装配扁线电机。未来扁线电机将进一步取代圆线电机,成为新能源汽车驱动电机主流。

(3)集成式电机总成

传统的驱动电机独立于动力电池和电控系统,动力电池将电能传输给电机驱动车辆,并由电控系统进行控制,各个部分分工协作,保证车辆整体的稳定运行。但分体独立式结构的缺点同样十分明显,特别是驱动电机和电控系统的分离会占据车内更多空间,动力电池相对只能减少布置,无法进一步增加的电池容量加之更大的车辆重量会减弱其加速能力、缩短其续航里程。近年这一劣势愈发明显。针对这一问题,相关企业开始研发整合驱动电机和电控系统的多合一集成式电机总成,这样既节省车内空间又减轻车辆重量;最为重要的是,集成式电机总成进一步提高了传动和控制效率,提升了车辆整体性能。近年精进电机、方正电机、华为等企业已经推出相关产品,比亚迪在 e 3.0 平台推出全球首款八合一电机总成,集成驱动电机、减速器、驱动电机控制器、高压配电箱(PDU)、高低压直流转换器(DC-DC)、车载双向充电器(Bi-OBC)、整车控制器(VCU)以及电池管理系统(BMS),将综合效率从86%提升至89%,使百公里电耗比同级车降低10%,实现更大的加速度和更长的续航里程。随着集成式电机技术的逐步成熟,采用这一结构的车型会日渐增多。

4. **辅助驾驶技术**

除动力电池、电控系统和驱动电机这三大新能源汽车核心部件的技术以外,还有一些技术同样与新能源汽车发展息息相关,比如辅助驾驶技术与新能源汽车的发展最为密切。辅助驾驶技术是辅助驾驶者进行驾驶的技术,可以为驾驶者提供更加全面和优异的驾乘体验和安全保障,在整个驾驶过程中发挥着重要作用。在新能源汽车领域的辅助驾驶技术主要包括自动驾驶和车载人工智能两大类。

(1)自动驾驶

自动驾驶技术是采用先进的通信、计算机网络和控制技术等,对汽车实现实时、连续控制。自动驾驶技术最早出现于2009年。2021年8月中国国家市场监督管理总局正式发布《汽车驾驶自动化分级》(GB/T 40429—2021),该标准将驾驶自动化系统划分为0级(应急辅助)、1级(部分驾驶辅助)、2级(组合驾驶辅助)、3级(有条件自动驾驶)、4级(高度自动驾驶)、5级(完全自动驾驶)共6个等级。0级驾驶自动化(应急辅助)系统不能持续执行动态驾驶任务中的车辆横向或纵向运动控制,但具备持续执行动态驾驶任务中的部分目标和事件探测与响应的能力;1级驾驶自动化(部分驾驶辅助)系统在其设计运行条件下可持续地执行动态驾驶任务中的车辆横向或纵向运动控制,且具备与所执行的车辆横向或纵向运动控制相适应的部分目标和事件探测与响应的能力;2级驾驶自动化(组合驾驶辅助)系统在其设计运行条件下可持续地执行动态驾驶任务中的车辆横向和纵向运动控制,且具备与所执行的车辆横向和纵向运动控制相适应的部分目标和事件探测与响应的能力;3级驾驶自动化(有条件自动驾驶)系统在其设计运行条件下可持续地执行全部动态驾驶任务;4级驾驶自动化(高度自动驾驶)系统在其设计运行条件下可持续地执行全部动态驾驶任务并自动执行最小风险策略;5级驾驶自动化(完全自动驾驶)系统在任何可行驶条件下都可持续地执行全部动态驾驶任务并自动执行最小风险策略。

自动驾驶最初旨在辅助驾驶员进行驾驶,但随着技术的不断提升,自动驾驶逐渐被认为是可以取代人类进行驾驶的技术。这一技术真正地解放了驾驶员的双手,消除了驾驶员长时间驾驶所产生的疲劳,避免了交通违章和事故的发生,大大提高车辆的安全性,是未来驾驶技术的必然趋势。新能源汽车由于内部结构简单、驾驶操控简易、电子控制系统结构相似,所以是目前发展自动驾驶的最理想车型,大部分自动驾驶技术的发展都是在新能源汽车平台上完成的。

自动驾驶技术的核心是自动驾驶芯片,通过芯片处理各种路况,将信号传输给车辆控制系统,从而实现自动驾驶。目前英特尔、高通、英伟达等芯片厂商正在积极研发自动驾驶芯片,而百度、谷歌等互联网公司也在积极研发自动驾驶系统,以适应更多的车型。车企方面,奥迪、特斯拉、蔚来等厂商的自动驾驶汽车已经量产上市。但由于目前量产车的最高自动驾驶等级是3级,在实际使用过程中,仍然只能起到辅助驾驶的作用,并且偶尔会出现故障和问题,所以目前自动驾驶汽车所占的比例仍较低。随着技术的不断进步,自动驾驶汽车会越来越多,自动驾驶等级也会逐步提高。

(2)车载人工智能

人工智能是计算机科学的分支,它企图了解智能的实质,并生产出一种新的能以人类智能相似的方式做出反应的智能机器。该领域的研究包括机器人、语言识别、图像识别、自然语言处理和专家系统等。人工智能的概念最早是在1956年提出的,由于人工智能的载体是机器,其定式运算和存储速度远高于人脑,并且不会产生疲劳,所以在重复机械性的工作领域相较于人脑有无可比拟的先天优势。人工智能的应用大大提高了生产效率、降低了错误率。经过60多年的发展,人工智能已经广泛应用于计算机、装备制造、服务业等多个领域,成为日常生产和生活的不可或缺的高效辅助工具。

汽车产品以自然人驾驶员为核心的这一理念始终贯穿着汽车行业的发展,这也导致车载人工智能在汽车行业的应用起步较晚。不同于自动驾驶的重复机械性劳动,车载人工智能在车辆内部为驾驶员提供各项辅助服务,需要熟练掌握声音语言和肢体语言,更深入地领会驾驶员意图、情绪,不是单纯地听从驾驶员指令,而是能与驾驶员进行交流,具备情绪感知和感情培养的能力,真正成为驾驶员的出行伙伴。这对人工智能的要求很高也很细致。目前各大车企都在积极研发人工智能,已经有上汽、比亚迪、沃尔沃、特斯拉、奥迪等厂商推出了搭配车载人工智能的汽车,但目前都处于初级的语音识别阶段。2017年年底,蔚来推出全球首个车载人工智能系统“NOMI”,该系统基于强大的车载计算能力和云计算平台,集成了语音交互系统和智能情感引擎,创造出一种全新的人车交互方式,第一次让车从冰冷的机器变成有生命、有情感的伙伴,使汽车真正成为人类的出行伴侣。

5. 其他辅助技术

新能源汽车除核心部件外的其他组成部分与燃油车基本相同,近年燃油车领域的新兴技术同样适用于新能源汽车。由于新能源汽车对加速性能和续航里程的要求较高,所以轻量化车身、多挡变速箱、低风阻系数、智能化外饰等在燃油车时代发展缓慢的新技术,在新能源汽车时代开始崭露头角、大放异彩。

(1)车身轻量化技术

车身轻量化技术是在保证汽车车身强度和安全性能的基础上降低其整备质量,从而提高汽车动力、减少燃料消耗、降低排气污染。轿车自重的25%为车身重量,车身材料的轻量化举足轻重。由于环保和节能的需要,汽车的轻量化已经成为世界汽车发展的潮流。车身轻量化的研发始于20世纪70年代。1973年第一次石油危机爆发,全球出现普遍性的经济滞胀,以汽油为主要燃料的汽车的使用成本急剧增加,民众怨声载道。在此大背景下,汽车企业开始通过减轻汽车的重量来降低汽油消耗量,吸引消费者购买产品,以此占领市场。自此,全球主要汽车企业纷纷投入资金进行车身轻量化技术的研发。在加速、续航和节能方面,车身轻量化都是最有效的解决方案之一。以汽车减重100kg为例,如果从1500kg减到1400kg,加速时间可以缩短0.62s,最大爬坡度提升2.29%,最大续航里程增加6.28km。车身轻量化对于新能源汽车整体性能的提升在目前的新能源汽车发展阶段尤为重要,对产业的发展起到了关键性作用。各大新能源汽车企业都在积极研发车身轻量化技术,提高其在新能源汽车方面的应用比例。目前主要有使用高强度钢、制造全铝合金车身和使用碳纤维复合材料这三种轻量化技术。

①高强度钢

高强度钢一般是指屈服强度在210—550MPa的钢材。高强度钢可以在不增加额外成本的基础上实现车身重量降低25%,更为重要的是静态扭转刚度提升80%,静态弯曲刚度提升52%,第一车身结构模量提升58%,这能显著提高汽车的安全性能,满足全部碰撞法规要求。相关权威机构的研究成果表明,90%的车身钢板现已是高强度钢板。高强度钢是目前使用最为广泛的车身轻量化材料。

唐DM是比亚迪在2018年6月推出的插电式混合动力SUV,是比亚迪唐的全新一代车型,其百公里加速时间最快达到4.3s,纯电续航里程最高达到100km,百公里综合工况油耗低至1.6L,同时配备了全新的BSG电机(利用皮带传动,兼顾启动和发电的一体机),进一步提高整车的NVH,在C-NCAP(中国新车评价规程)碰撞测试中取得了五星满分的好成绩,综合性能全面超越上一代车型,是截至2021年年底全球综合性能最强的混合动力SUV。唐DM之所以有如此优异的表现,是因为使用了车身轻量化技术。唐DM的车身采用了大量的3H高强度钢,车身高强度钢比例达到63%,热成型钢比例达到10%,整备质量约为2290kg,与上一代车型的2400kg相比减重约为110kg,同时全新的后电机扭矩达到380 N·m,使车辆的最大总扭矩较上一代增加130—950 N·m,在车身减重和扭矩增加的共同作用下,加速时间缩短0.6s,加速性能进一步提升。由于车身减重释放更多额外重量,BSG电机得以加入,整车的驾驶过程更加平顺、舒适、安静,能耗得到进一步降低。由于大量采用高强度钢,与上一代车型相比,扭转刚度提升30%,扭转模态提升35%,高强度笼式车身框架整体抗压强度达到9t,车身刚性有了巨大的提升,在C-NCAP碰撞测试中取得的优异成绩正得益于此;在日常行驶中,车身可以更好地保障驾驶者和乘客的人身安全。高强度钢的大量使用使唐DM的车重有了明显的下降,加速、NVH、安全等方面的性能有了显著提高,使其成为一款优异的混合动力SUV。

②全铝合金车身

铝合金密度较小，大约为钢的30%，但强度较高，接近甚至超过优质钢，而且可塑性好，能够加工成各种型材，具有优良的导热性、导电性和抗腐蚀性，已大量应用在船舶、汽车、航空航天等行业中。目前铝合金是工业生产中应用最多和最为广泛的一类有色金属合金材料，同时也是重要的车身轻量化材料。全铝合金车身可减轻车身重量，对环保大有益处。从20世纪80年代末开始，美国、德国、日本等汽车产业发达国家就持续加大对铝质车身进行研发的资金投入，并取得突破性进展。1995年德国奥迪汽车公司率先进行铝质车身的大批量生产，把铝质车身从研发领域真正向应用领域转变，推向市场。之后铝合金在车身材料中的使用比例逐年提高。1990—1998年这9年，北美汽车工业的用铝量增长了102%。随着车身轻量化的需求进一步提高，铝合金的应用规模将会进一步扩大。

新能源汽车企业近年在铝质车身的应用方面也有了长足的发展。蔚来在2017年12月推出的蔚来ES8纯电动大型SUV中采用了全铝合金车身设计；车身最关键的传力路径和承载部位上也使用了高性能铝材，在整车车身的材料使用率高达96.4%，是目前全球车身铝合金应用比例最高的量产车型。蔚来ES8的长宽高分别为5022mm、1962mm和1756mm，整备质量为2460kg，比同尺寸采用非全铝合金车身的新能源汽车轻约10%，整车轻量化的技术核心得益于白车身（Body in White）的减重。白车身是指焊接之后涂装之前的车身，不包括四门两盖等运动件。

ES8的白车身采用源于飞行器的全铝架构平台，白车身重量仅为335kg。在轻量化水平标准中，白车身轻量化系数越小，说明单位吸能指标付出的重量成本越低，它是综合了车身尺寸、质量和性能三方表现获得的数据。轻量化指数在2.5左右属于优秀水平，蔚来ES8的白车身轻量化指数为2.02，属于十分优秀的水平。蔚来ES8前后双电机的最大总扭矩达到840 N·m。车身轻量化技术使整车重量降低，最终实现了4.4s的百公里加速时间，这对于一款大型SUV来说是十分优异的成绩。全铝合金车身使新能源汽车的整备质量显著降低，对其加速性能有明显提升。但由于铝合金强度和刚性不如高强度钢，安全性能稍显不足，加之制造成本较高，目前采用全铝合金车身的车型比例还很低。不过随着技术的进一步发展，未来全铝合金车身的车型会越来越多。

③碳纤维复合材料

碳纤维复合材料是由有机纤维经过一系列热处理转化而成的含碳量高于90%的无机高性能纤维，是一种力学性能优异的新材料。碳纤维复合材料强度较高（钢的5倍），比重小（钢的1/5），热容量小（节能），具有出色的耐热性（可以耐受2000℃以上的高温）、抗热冲击性、热膨胀系数（变形量小）、抗腐蚀和辐射性能。碳纤维复合材料优点众多，是车身轻量化的理想材料，但由于现阶段其较高的技术门槛和制造成本，目前只有专业赛车和少数超级跑车会使用碳纤维复合材料，民用量产领域的适用车型极少。

长城华冠集团在2018年8月推出前途K50纯电动跑车，车身采用碳纤维复合材料，是全球首款采用碳纤维复合材料的新能源量产车。前途K50车身采用大量碳纤维及铝合金等轻量化材料，全车碳纤维复合材料零件共有29个，这些零件的总重量仅为46.7kg，比传统钢板材料减重40%以上，比铝合金材料减重超过20%。在轻量化技术的运用下，整备质量约为1900kg，比传统钢板车身的整备质量足足减少250—300kg；这得益于碳纤维复合材料对车身的减重。前途K50前后双电机最大总扭矩为680 N·m，百公里加速小于4.6s，此外车辆配备了79kW·h的三元锂电池，可以实现NEDC（新标欧洲循环测试）工况下380km的续航里程，百公里能耗低至20.79kW·h，车身轻量化技术对前途K50在起步加速和续航里程两方面的性能都有显著的提升。

除上述3种车身轻量化技术之外，还有钛合金、镁合金、塑料等新材料技术，不过由于技术工艺不成熟、制造成本高等，目前还没有实际将其投入量产车的应用中。

（2）多挡变速箱

纯电动汽车至今都普遍采用单级减速器，这一方面可以节约成本和精简结构，另一方面可以降低零部件的故障率。但其后程加速疲软、电耗较高的劣势在追求极致性能的超级跑车和追求比赛成绩的赛车上非常明显。相关企业已经开始研发针对高性能纯电动汽车的多挡变速箱。2019年全球知名的变速箱制造商采埃孚公司研发出全球首款针对高性能纯电动汽车的二挡变速箱，并率先配备在保时捷 Taycan 纯电动轿跑车型上。

Taycan 使用两台高性能永磁同步电机，前后轴各一台，可以最多在10s 内持续输出 617PS（米制马力，1PS = 735.49875W），另外还有 2.5s 的开启弹射起步的 Overboost，TurboS 版本在此时最高可以输出 761PS 和1050 N·m 的动力，Turbo 则为 680PS 和 850 N·m，官方百公里加速成绩最快为 2.8s，0 到 200km/h 仅用时 9.8s，极速 260km/h。为了兼顾加速性能和高速性能，Taycan 革命性地配备了全球首款专为纯电动汽车设计的二挡变速箱，可同时达到起步加速、后程加速和极限速度三项高性能指标。

图 6 所示为 Taycan 二挡变速箱的扭矩曲线图，由于变速箱装配在后轴，图中只列出后轴输出扭矩的曲线，其中实线为一挡轮上扭矩，虚线为二挡轮上扭矩，可以看到车辆在起步阶段即迸发出最大扭矩，这是纯电动汽车的一贯优势，达到 50km/h 左右时一挡轮上扭矩开始衰减，扭矩输出逐渐下降与二挡扭矩曲线交汇，在大概 90km/h 处被二挡轮上扭矩超过，最终在达到 120km/h 之后停止是因为轮上扭矩已经达到其在16000r/min时的最大输出，同时二挡轮上扭矩到达 100km/h 之后开始衰减，但其下降程度远慢于一挡，一直持续到 250km/h 之后。二挡的加入使 Taycan 在80km/h之后仍然保持较高的加速水准。相关测试结果显示，加入二挡变速箱之后 Taycan 的 0—100km/h 加速时间比单级减速器缩短 0.3s，72—128km/h 的加速时间缩短 0.5s，160—240km/h 的加速时间缩短 1.4s。二挡变速箱使 Taycan 在后程加速的高速行驶时也能实现持续的高扭矩输

出，同时还能提高热效率和进一步降低能耗，做到了性能与节能的理想平衡。

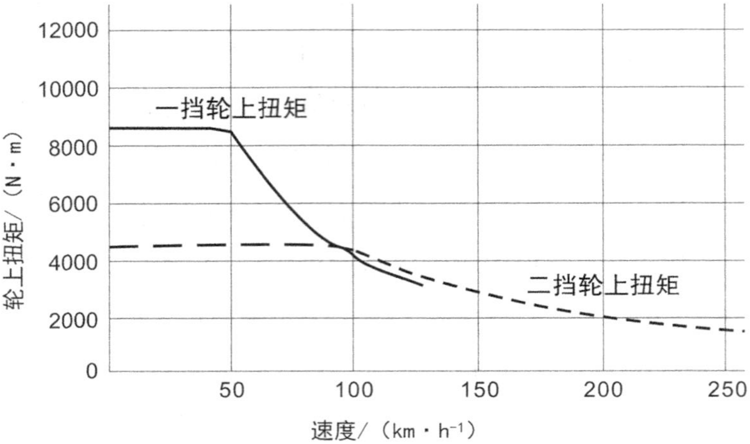

图 6　二挡变速箱扭矩曲线图（以 Taycan 为例）

（3）低风阻系数车身

风阻系数对于车辆性能的影响显而易见。流线型车身需要高昂的设计费用和成熟的生产工艺，而燃油车的续航里程问题可以通过完善的加油设施来解决，所以只有专业赛车领域需要超低风阻系数的流线型车身设计，传统燃油车企业对于降低普通乘用车风阻系数的整体积极性不高。新能源汽车一直存在里程焦虑问题，而且从目前的技术革新和配套设施完善进度来看，还需要较长时间才能彻底解决，因此降低风阻系数是目前短期内最有效的途径。近年新能源汽车企业一直在不遗余力地投入资金和技术研发低风阻系数产品。2012 年，特斯拉 Model S 中的大型轿车一经亮相便引起业界关注。除超强的加速和续航能力外，其车身的风阻系数达到了惊人的 0.24Cd；该车已经超越绝大多数乘用车，迈入低风阻系数的优秀车行列，甚至接近专业赛车水平，是当时全球风阻系数最低的新能源量产车型。这一设计对汽车外观和性能的影响是立竿见影的，间接促进其销量。此后，无论是纯新能源汽车企业还是转型的燃油车企业都纷纷加入研发低风阻系数车身的阵营,开始采用全新平台设计车身。目前各大厂商的新能源汽车旗舰车型的风阻系数普遍在0.2—0.3Cd,目前风阻系数最低的量产新能源汽车是广汽 Aion S Plus,仅为0.211Cd;此外,保时捷 Taycan、极氪001、比亚迪汉、小鹏 P7 和吉利几何 A 的风阻系数分别为0.22Cd、0.23Cd、0.233Cd、0.236Cd 和0.2375Cd,5 家中国品牌的新能源汽车风阻系数都低于0.25Cd,中国新能源汽车的车身设计处于世界先进水平。

除车辆前方直接受到的空气阻力,如果后方空气并未及时补充,还会因此产生真空区域(伴有涡流),使车辆前后气压不同,出现气压差,形成新的空气阻力。因此,新能源汽车企业不仅要对车头降低风阻系数,还要考虑车尾外观对风阻系数的影响。目前普遍流行的解决方案是车尾同样采用流线型,即溜背式设计,保时捷 Taycan、特斯拉 Model 3、比亚迪汉、小鹏 P7 等轿车车型都采用此设计,而特斯拉 Model X、广汽新能源 Aion LX、蔚来 EC6 等 SUV 车型也都纷纷采用后尾部的溜背式设计,这不仅可以降低风阻系数,还使普遍平庸的外观更具动感。但由于车内后排位置靠近车尾,溜背式设计不可避免地会挤占后排座位的上部空间,使得乘坐者头部空间略显不足。这一劣势在 SUV 车型上体现得尤为明显。汽车企业下一步需要在外观和空间方面寻求平衡点,使车辆更好地兼顾观赏性和实用性。

(4)隐藏式和智能化外饰

汽车外饰是指除车身之外其他可观测到的部分,主要包括进气格栅、前后保险杠、后视镜、车灯、天窗、雨刮、门把手、车身裙板、外侧围、前后挡风玻璃、后排气管等部分。相对于内饰,外饰是可以直接观看到的,虽然占外观比例不高,但同样是车辆外观的重要组成部分。外饰的设计往往能影响车辆的风阻系数、整体观感和实用性。在燃油车时代,外饰不如车身受设计师的重视,在某些细节上易被忽视,某些外饰部分甚至出现了车型设计趋同化的现象,如几乎所有厂商的后视镜和侧门把手外观都基本一致。这一观念使外饰数十年间的变化极小,设计几乎停滞不前。

进入新能源汽车时代,这种情况发生了根本性改变。新能源汽车兼具节能性和智能性,需要考虑风阻系数和内部构造的独特性来重新设计外观,车身部分可以借鉴和延续燃油车的设计路线,而外饰设计由于低成本和简易性,可以采用更加新颖和激进的设计理念。特斯拉 2012 年推出的 Model S 轿车首次采用半封闭式的进气格栅,引发业界关注;2016 年 4 月发布的 Model 3 更进一步,直接取消进气格栅,采用全封闭一体式前脸设计,是全球首款完全取消进气格栅的车型,业界哗然。随后比亚迪、保时捷、吉利等车企开始竞相效仿这一设计,同时逐步取消排气管、隐藏侧门把手等。车辆外饰的取消和隐藏可以使车身线条更加平滑,进一步降低风阻系数。燃油车由于发动机的存在客观上无法实现这一设计。

除了隐藏式外饰,新能源汽车由于内部结构简单、电子元件众多,智能化水平更高。因此,智能化外饰是新能源汽车外饰的另一大发展方向。目前已经广泛应用于新能源汽车的智能化外饰有智能化门把手,即电动伸缩式门把手,可以自动感知驾驶者的到来进行伸缩,比亚迪、特斯拉、吉利、荣威、蔚来、广汽等主要汽车企业的新能源车型均采用此设计;智能化车灯,可以使驾驶者自己编排车灯设置,增加车辆的安全性和观赏性,目前比亚迪已经率先提供了新能源汽车的智能车灯功能。流媒体后视镜、智能雨刮等外饰虽已陆续出现,但由于现阶段技术水平和相关政策法规的限制还无法投入量产。

二、全球新能源汽车产业发展分析

现代新能源汽车虽从诞生至今不到30年,但因其环保、节能、智能等先天优势近年开始被大规模推广普及,相关技术不断创新和突破,产业也在快速发展,并已经逐渐引领汽车产业整体发展方向。汽车产业正在经历自诞生100多年以来前所未有的深刻变革,并开始逐步扩展到其他相关产业,进而影响到整体经济的发展,是目前发展态势最好的新兴产业。全球新能源汽车产业正处于新的发展阶段。

(一)全球新能源汽车产业发展现状

虽然20世纪90年代已经有汽车企业推出新能源量产汽车,但新能源汽车在商业推广领域一直发展缓慢,销量处于较低水平。2008年比亚迪公司推出全球首款插电式混合动力汽车F3DM,新能源汽车市场开始逐步形成。日产汽车在2010年年底推出日产聆风纯电动汽车,一经上市遍风靡全球,成为全球首款总销量突破40万辆的纯电动汽车。2012年特斯拉公司推出的Model S纯电动轿车以其媲美超跑的性能、酷炫的流线车身和丰富的辅助驾驶吸引了众多消费者,使新能源汽车关注度大增;2013年Model S销量达到2.23万辆,2014年销量更是达到5.5万辆,增长近1.5倍。2015年1月全球首款插电式混合动力SUV——比亚迪唐正式上市,并在当年取得了销量为1.8万辆的成绩,9月特斯拉顺势发布全球首款纯电动SUV——Model X。

随着一批重磅新能源车型的发布和上市，全球新能源汽车产业进入发展的快速时期并持续至今。由图 7 可知，2016 年全球新能源汽车销量为 77. 4 万辆，较 2015 年的 54. 94 万辆同比增长超过 40%，远高于同期汽车总销量 4. 5% 的增长率。2017 年全球新能源汽车销量首次突破 100 万，达到 120. 12 万辆，2018 年更是首超 200 万辆，达 201. 82 万辆，增长率高达 68. 02%，创历史新高。2019 年受全球最大新能源汽车市场——中国市场负增长的影响，全球市场销量为 221 万辆，增长率不到 10%，为近 5 年来最低；但在全球汽车总销量下跌的局面下，新能源汽车仍然实现了增长。2020 年受新冠疫情影响，全球汽车销量同比大幅下降，而新能源汽车销量却逆势同比上涨 46. 6%，达到 324 万辆，再创历史新高。截至 2020 年年底，全球新能源汽车保有量已突破 1000 万辆大关，新能源汽车成为全球汽车产业新的重要增长点。

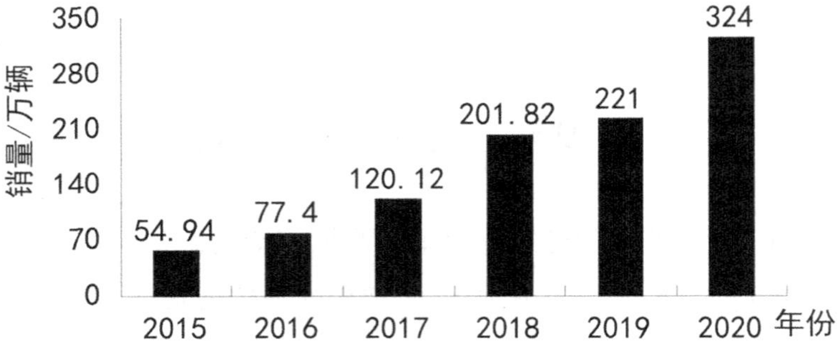

图 7　全球新能源汽车历年销量

新能源汽车产业不仅在产销量上快速增长，而且影响着整个汽车产业的发展走向。目前全球推出新能源汽车产品的整车企业已经超过 50 家，其中包括特斯拉、蔚来、小鹏、理想、威马等超过 20 家的单一新能源汽车企业。2020 年 6 月 11 日特斯拉市值达到 1901. 22 亿美元，成为全球市值最高的汽车企业，这是新能源汽车企业登顶车企市值最高点；而大众、丰田、通用等传统燃油车巨头也都纷纷开始转型，积极投身于新能源汽车的研发和制造,与新能源汽车企业争夺市场。

除整车制造之外,相关的汽车零部件产业同样受益于新能源汽车带来的新变革。作为核心零部件,动力电池产业发展尤为迅速:松下、LG、三星等传统电池制造商纷纷进军动力电池这一前景广阔的新兴市场,比亚迪、"宁德时代"等新兴电池制造商也同时加入市场争夺。此外,博世、爱信、潍柴、采埃孚等传统燃油车零部件企业开始涉足新能源汽车领域,寻找新的利润增长点。

新能源汽车产业不仅促进了汽车相关产业的发展,同时还带动了更多的产业发展:一方面积极与新能源、新材料、高端装备制造、电子信息技术等其他新兴产业紧密融合,促进新兴产业的共同发展;另一方面倒逼传统的能源、化工、装备制造产业向更加高效、环保、节能的绿色领域加快转型,对经济发展、环境保护、节能减排等各个方面都作出了重大贡献。新能源汽车逐渐改变了公众对汽车产品的固有认知,使他们开始接受新能源汽车并成为其潜在消费者。由此可见,新能源汽车不仅正在深刻影响着汽车产业的发展,还深刻地改变着人们的生活方式。

(二)全球新能源汽车产业发展特点

因为新能源汽车产业是新兴产业,所以其在近年的发展中逐渐呈现出一些新的特点。

1. 纯电动汽车为主,其他车型为辅

纯电动汽车完全以电能为动力源,较混合动力汽车而言,可以大幅度降低用车成本、节约化石能源、实现真正的零排放,在节能环保方面优势尽显;比同样零排放的氢燃料电池汽车更加安全可靠,充电桩数量多。纯电动汽车在安全性和配套设施方面优势明显,是目前较为理想的新能源

汽车。2016 年全球纯电动汽车销量占新能源汽车总销量的 64%，2017 年占比提高到 69%，2018 年下滑到 66%。2019 年全球纯电动汽车销量达到 163.54 万辆，占新能源汽车总销量的比例提升到 74%，销量和占比均创历史新高。纯电动汽车近年占总销量比例一直保持在 60% 以上，比重最高并超过了其他车型的总和，是新能源汽车销量的绝对主力。随着电池能量密度和封装技术的提升，续航里程和安全性还会逐步提高。在可预见的未来，纯电动汽车仍然是新能源汽车销量的主力军。

纯电动汽车虽然销量最高，但由于目前电池技术遇到瓶颈，能量密度短期内难有提高，配套设施仍然不完善，加之充换电时间相比加油时间更长，在长途行驶方面仍然存在明显劣势。混合动力汽车虽然用车成本更高，但因为存在发动机，在馈电情况下还可以使用燃油替代行驶，依然有固定群体的庞大需求，是向纯电动汽车过渡的理想车型。2019 年全球混合动力汽车销量占新能源汽车总销量近 26%，是销售量仅次于纯电动汽车的车型。氢燃料电池汽车作为新型的新能源车型，近年增长快速。2020 年全球氢燃料电池汽车销量达到 9006 辆，但占新能源汽车总销量的比重不足 1%，还需较长时间推广普及。

2. 传统车企陆续进入市场，竞争与合作并存

新能源汽车发展初期主要是靠新兴汽车企业（如比亚迪、特斯拉）和核心零部件企业研发和生产新能源汽车产品。2015 年，比亚迪首次荣登全球新能源汽车销量榜首，此后又蝉联 3 年新能源汽车销量冠军。2019 年，特斯拉销量超越比亚迪，成为新的全球新能源汽车销量冠军。“宁德时代”在 2017—2020 年排名全球动力电池装机量第一。蔚来、小鹏、理想等新兴汽车企业同样表现优异。新能源汽车发展初期，新兴汽车企业是主要推动力量。

反观传统燃油车企业，由于常年专注于燃油车领域，反而在新能源汽车领域的技术储备和制造经验相对欠缺：生产出现代全球第一辆新能源汽车 EV1 的通用公司因没能将其成功市场化,最终关闭项目,直到 11 年后才重启新能源汽车项目;成功推出普通混合动力汽车普锐斯的丰田公司在插电时代逐渐失去优势,销量从 2012 年最高的近 15 万辆逐步下滑到 2018 年的 5 万辆左右;凭借聆风纯电动汽车占有新能源汽车一席之地的日产公司由于产品更新缓慢、乏善可陈,销量下降严重,2019 年总销量已跌出全球前五;近 4 年连续保持全球汽车销量第一的大众集团在新能源汽车领域几乎处于空白,直到 2016 年才正式进军新能源汽车领域。

2016 年以来新能源汽车在汽车总体的占比一直在快速提高,新能源汽车企业开始与燃油车企业激烈地争夺市场,部分燃油车企业已经意识到新能源汽车的未来前景,积极地通过合作向新能源汽车企业学习。早在 2010 年戴姆勒—奔驰就与比亚迪合资成立纯电动汽车品牌腾势,但发展不甚理想,一直处于亏损中。腾势的困境使戴姆勒—奔驰等传统车企意识到合作不是唯一途径。于是,2011 年以来日产、雷诺、宝马、丰田、大众等企业相继投入专项资金、人力、技术进入新能源汽车领域,同时积极与新能源车企合作,提升自身的研发实力。2018 年以来,已有数家传统车企与新能源车企展开合作:2019 年 11 月比亚迪正式宣布与丰田合作,共同开发整车及动力电池,这是整车企业首次在新能源汽车领域进行共同研发;2020 年 6 月大众集团与江淮汽车达成合作,从事新能源汽车研发制造等业务;此外,宝马、通用、日产都与相关新能源汽车陆续展开合作。得益于自研与合作相结合的战略,传统车企近年开始在新兴企业争夺新能源汽车市场。2019 年全球新能源汽车企业销量排行榜前十名中除特斯拉和比亚迪两家新兴汽车企业之外,其余均为传统燃油车企业。传统燃油车企业已经具备很强的竞争力,与新兴汽车企业竞争与合作并存的局面将长期存在。

3. 整车企业和零部件企业的联系日渐紧密

燃油车时代整车制造业在汽车整体产业当中一直处于绝对的主导地

位,主流整车企业大多可以自主研发和生产发动机、变速箱和底盘这三大核心零部件。核心零部件企业的采购商大多是实力不强的中小整车制造企业,其他则为车身、电气设备等非核心零部件企业。进入新能源汽车时代,动力电池、电控系统和驱动电机成为新的三大核心零部件,其中动力电池为最核心零部件,成本占到整车成本的 1/3 至 1/2。目前全球整车企业中只有比亚迪使用的是其自主研发生产的动力电池,其余企业均不具备生产能力;相当一部分企业不能自主研发生产电控系统和驱动电机。整车制造企业在新能源汽车核心零部件的明显劣势,是其前期发展缓慢的重要原因。

整车企业的困境使零部件企业看到了发展机遇,具备技术优势的新兴企业抓住机会迅速发展。成立于 2011 年的"宁德时代"是一家专注于动力电池研发和生产的企业,随着 2015 年之后新能源汽车产业的迅速发展,其发展速度也走上了快车道。2017 年"宁德时代"动力电池装机量达到 1200 万 kW · h,占全球动力电池装机量的 30% 以上,以领先第二名比亚迪近一倍的绝对优势首次夺得全球动力电池装机量冠军,其后又蝉联 3 年冠军,成为当之无愧的全球最大动力电池生产商。"宁德时代"的巨大成功得益于其高性能的动力电池和与整车产品的高匹配度。目前"宁德时代"的整车企业客户超过 20 家,其中不乏大众、丰田、奔驰、上汽、一汽、东风、北汽、吉利、宝马、宇通、特斯拉等大型企业。此外,松下、LG、三星等传统电池生产商同样抓住了新能源汽车产业快速发展的契机,实现了自身的快速发展。

除了新兴零部件生产商,传统零部件厂商也在积极转型,研发新能源汽车核心零部件:博世、大陆、电装先后推出了新能源汽车电控模块、驱动电机等相关零部件;2019 年全球知名的汽车零部件制造商——采埃孚公司研发出全世界首款针对高性能纯电动汽车的二挡变速箱,并率先定制在保时捷 Taycan 纯电动轿跑车型上。纯电动汽车多挡变速箱的首次高度定制开启了新能源汽车时代整车企业与零部件企业合作的崭新篇章,今后将会有更多的整车企业与零部件企业在新能源汽车领域合作，加深彼此之间的联系。

（三）全球新能源汽车产业发展趋势

1. 由政策导向型向技术导向型转变

新能源汽车产业在发展早期由于是新兴产业，处于起步阶段，技术含量和产品质量还处于初级水平，与已经十分成熟的燃油车产业相比发展水平还较低，所以在发展初期以政策推动为主要手段。中国、美国、挪威、英国等国在新能源汽车的资金、场地、通行等方面为消费者和生产企业给予了相关扶持政策，包括购车补贴、免购置税、不限行等，并且在短期内取得了显著效果。但这种做法另一方面也使部分新能源汽车企业过于依赖扶持政策，特别是中小企业在获得新能源汽车专项补贴之后基于自身研发能力不强、管理体制不完善等因素的考虑，将补贴或部分或全部挪用至其他方面，并没有充分发挥其作用，导致技术实力和研发水平停滞不前，进而影响企业的整体发展。2013 年至今，全球范围内已经有超过 20 家新成立的新能源汽车企业破产倒闭。与此同时，还有部分企业恶意骗取新能源汽车专项补贴，谋取企业私利，对产业和社会造成极恶劣影响，直接促使相关部门大幅度修改新能源汽车补贴政策，进一步加深了民众对新能源汽车的误解，对产业整体发展产生了极大的负面效应。

新能源汽车补贴政策在短期内对产业发展有实际的促进作用，但也使部分新能源汽车企业过分依赖补贴，同时增加了财政支付负担，进而影响到其他产业的发展。针对这一系列问题，主要新能源汽车推广国家相继作出相应的政策调整：2015 年 5 月中国五部委联合发布《关于 2016—2020 年新能源汽车推广应用财政支持政策的通知》，补贴自 2017 年开始逐渐退坡，至 2020 年完全停止；美国政府已于 2017 年年底停止部分新能源车型税收抵免政策，并计划于2019年年底全面取消新能源汽车补贴（截至2021年11月，暂无数据显示已全面取消新能源补贴）；英国政府计划2018年11月起取消混合动力汽车补贴。2016—2019年全球已有近10个国家开始实施新能源汽车补贴退坡政策，新能源汽车价格随即上涨，销量受到直接冲击，导致2019年全球新能源汽车增长率创近4年来新低，全球最大新能源汽车市场——中国甚至首次出现负增长。

面对这一状况，各大相关企业共同应对，加大资金、人才、设备投入力度到新能源汽车产品的技术研发当中，以技术含量、工艺质量等过硬的产品力来吸引消费者购买，真正提高产品竞争力，彻底摆脱政策依赖。2017年之后，新能源汽车技术的更新换代开始加快，新技术接踵而至：动力电池能量密度稳步提升、碳化硅控制模块开始替代IGBT、轮毂电机已经投入使用。除核心技术外，辅助技术如人工智能、换电技术、轻量化车身、智能外饰、能量回收、多挡变速箱等技术都日渐成熟。此外，全固态电池、太阳能电池、全自动驾驶等技术正在持续研发中，在不远的未来新能源汽车可以更智能。

2. 车机系统网联智能化趋势明显

汽车诞生之初是以纯交通工具的身份出现的，担负通勤和运输的任务。早期的汽车除了必需的组成部分，基本没有其他组件，无法为驾乘人员提供舒适性和娱乐性组件。20世纪20年代开始出现全封闭车身和车载收音机；40年代出现车载空调，这时车辆的舒适性和娱乐性开始显现；50—70年代开始出现安全带和安全气囊，车辆的安全性逐渐被重视；80年代汽车开始电子化，众多新兴电子技术逐步取代原来单纯的机电液操纵控制系统，内饰设计方面参考航空器风格，按键密集地堆砌在中控面板，显示车型的科技感，彩色数字也在尽力展示大量信息，车载GPS和触控中控屏都是在这一时期出现；90年代之后中控屏开始推广；进入20世纪之后手机开始快速普及，车载蓝牙功能可以让驾驶者在行驶中更安全地接打电话。

燃油车时代的车载设备虽然一直在稳步更新，但总体上偏保守，并没有突破性的创新，直到2012年，特斯拉公司发布的Model S纯电动轿车才颠覆人们的认知。该车不仅在性能和外观方面令人惊叹，更是彻底颠覆人们对内饰的以往认知：17英寸超大中控显示屏替代了之前的实体按键，厂商可以直接在线完善系统，提高改进效率、节省改进成本；消费者通过远程OTA(Over the Air，空中下载技术)功能使汽车可以像智能手机那样随时随地通过网络升级系统，实际使用中效果明显；辅助驾驶功能与智能中控结合更是可以实现接近3级的自动驾驶。Model S划时代的智能网联系统正式让汽车迈入智能化和网联化时代。

Model S之所以可以实现智能网联功能，主要得益于它是一辆纯电动汽车，相比燃油车内部结构更加简单，核心零部件都是电子部件，可以更便捷地实现电子信息化；而燃油车由于内部结构复杂、电气设备缺乏，始终难以实现智能网联。新能源汽车的这一系列先天优势使其在智能网联方面迅猛发展。特斯拉之后，众多厂商开始投身于此，其中以互联网产业发达著称的中国新能源汽车企业最为积极：2014年荣威就开始与互联网巨头阿里巴巴合作开发“斑马智行”车载系统，2016年首款搭载“斑马智行”系统的新能源汽车——荣威eRX5上市；2017年年底发布的蔚来ES8搭载全球首个实体可视人工智能系统“NOMI”；2018年4月比亚迪发布Dilink智能网联系统，主要应用于汉、唐、秦、宋、元等新能源车型，目前已经发展到第三代Dilink 3.0，可以实现智能语音、手机远程监控、APP遥控驾驶等新功能，处于成熟期。此外，一汽、东风、北汽、长安、吉利、宝马、通用等汽车企业都相继推出了旗下新能源汽车的智能网联系统，今后的智能网联领域会呈现出百花齐放的繁荣景象。

3. 与相关产业融合发展

燃油车时代的汽车制造业由于使用传统机械结构和化石燃料，产业链相对封闭，主要与石油化工、机械制造等重污染、高能耗的传统产业相关性较强，相互联系紧密。随着近年新能源汽车这一新兴产业的蓬勃发展以及传统重工业的持续衰落，新能源汽车产业链结构发生重大变化，与传统产业的相关性持续降低，甚至与石油化工等传统能源产业彻底无关；同时，与新能源、新材料、电子信息、节能环保、人工智能等新兴产业相关性逐渐增强，融合发展趋势明显。

新能源汽车由于内部电子部件较多，更易实现自动驾驶、人工智能、远程控制等燃油车无法实现的智能网联功能，近年与电子信息产业联系最为紧密。2013 年，全球知名辅助驾驶芯片制造商 Mobileye 与特斯拉合作，为其提供辅助驾驶的软硬件解决方案，首款搭载车型为 Model S，这是新能源汽车企业与电子芯片企业的首次跨界合作，开启了新能源汽车产业与相关产业融合发展的序幕。之后 Mobileye 又陆续与大众、宇通、蔚来、威马等企业在新能源汽车领域合作。同时，另一家全球知名显示芯片制造商 NVIDIA 与小鹏、理想等新兴造车企业在自动驾驶方面合作，争夺市场。除了硬件厂商，互联网企业也相继投身到新能源汽车领域：谷歌早在 2012 年 5 月就领到了内华达州机动车驾驶管理处颁发的合法车牌，这是全球首张无人驾驶牌照；百度在 2013 年启动无人驾驶汽车项目，其阿波罗（Apollo）自动驾驶平台已与数家新能源汽车企业展开合作，2019 年百度在武汉拿到了全球首张自动驾驶商用牌照；阿里巴巴于 2014 年与上汽集团深度合作共同研发的斑马系统目前已适配在上汽旗下荣威、名爵、大通系列以及斯柯达等合资品牌车型上；腾讯自 2017 年以来相继投资入股特斯拉和蔚来，累计总投资额超过 20 亿美元；2020 年 6 月亚马逊收购自动驾驶公司 Zoox，正式进军自动驾驶领域，同年 12 月发布旗下首款全自动驾驶电动汽车 Zoox Robotaxi；2020 年 8 月华为发布 HUAWEI HiCar 解决方案，通过手机和汽车之间的连接，基于三层标准与能力，构建手机和汽车互助资源池，把手机的服务生态延伸到车内，实现“手机 + 车机”人机交互最优体验，比亚迪汉成为首款适配车型。

除了与电子信息产业联系紧密，新能源汽车产业还与其他相关产业融合。由于新能源汽车主要以电能为动力，对配套的电力资源和充换电设施的需求越来越高，间接促进了传统的电子工业和装备制造业拓展新的业务，其中全球最大的电网企业——国家电网有限公司（SGCC）——近年大力推进充换电设施的建设，截至2020年10月，已累计建成充电桩10万台、充换电站1.2万座；已形成“十纵十横两环网”高速公路快充网络，覆盖国内171座城市，成为营业收入新的增长点，助其2018、2019年连续两年营业收入同比增长。新能源汽车产业还带动充电桩、换电站、逆变器、高功率变压器等相关充电设备产业发展迅速，其中许继电气、众业达、易事特、特锐德等以生产充换电设备为主的装备制造企业受益匪浅，在研发水平和营业收入方面取得了长足进步，已经处于国际领先地位。在新兴产业中，新能源和新材料产业与新能源汽车产业近年合作也日趋频繁：高强度钢、全铝合金、碳纤维材料开始应用于新能源汽车车身，通过轻量化实现续航里程的增加；光伏企业也开始进入新能源汽车领域，2016年7月全球最大的太阳能薄膜发电企业——汉能集团发布4款太阳能汽车，宣布开始研发太阳能汽车，并与奥迪、一汽等知名汽车企业合作开发相关产品。

三、中国新能源汽车产业发展分析

中国汽车产业起步较晚、发展较快,但在快速发展的同时存在一些隐患。中国是全球石油生产大国,石油产量常年位居全球前列。2020 年,石油产量首次突破 2 亿吨,超过加拿大,位列全球第四位。20 世纪 50 年代,中国石油自给率较高,特别是 1959 年大庆油田被发现之后,石油基本实现自给自足。1965 年,中国石油净进口量只有 0. 8 万吨,进口量仅占 0. 007%;1966 年首次实现净出口;之后的 1972—1992 年,连续 21 年实现石油净出口;1993 年,进口石油 981 万吨,重新成为石油净进口国。进入 21 世纪之后,随着工业生产力的快速提升,石油作为“工业的血液”,需求量连年攀升,但同时国内石油产量放缓;这一时期也正是中国汽车销量快速增长的时期,汽车对石油的消耗占到了总消耗量的一半以上,使中国石油的进口量和对石油的依存度双双快速增长。2002 年,中国成为全球第二大石油消费国;2017 年中国进口石油 4. 2 万亿吨,首次成为全球最大石油进口国;2020 年中国进口石油 5. 42 亿吨,石油依存度超过 70%。中国 80% 以上的石油是通过马六甲海峡进口的。2020 年新冠疫情的暴发和错综复杂的国际政治局势使石油进口形势开始严峻。此外,中国的燃油车技术虽然日渐成熟,但在高精尖发动机技术方面与发达国家仍然存在差距;同时,庞大数量的燃油车产生的大量尾气,是近年空气质量恶化的重要原因之一。中国汽车产业急需发展节能环保、技术领先和不使用石油的新型汽车,以提升中国汽车产业整体实力、改善空气质量以及摆脱对石油进口的过度依赖;于是,符合以上所有条件的新能源汽车产业应运而生。

（一）中国新能源汽车产业发展现状

中国新能源汽车产业始于2006年。在国家节能减排政策的引导下，科技部启动了863计划新能源汽车重大项目，确立了“三横三纵”的新能源汽车产业发展战略。2007年，国家发改委在其发布的《产业结构调整指导目录（2007年本）》中将新能源汽车正式列入鼓励产业目录，新能源汽车产业的发展开始步入正轨。2010年9月8日召开的国务院常务会议审议并原则通过《国务院关于加快培育和发展战略性新兴产业的决定》，将新能源汽车正式列为七大战略性新兴产业之一。2011年之后，随着政府部门和相关企业投入的加大，产品质量和技术方面实现重大突破，新能源汽车产业发展速度明显加快。中国新能源汽车历年销量可见图8。2015年，中国新能源汽车产销量分别达到328000辆和331092辆，同比增长超过3倍，超过美国，首次成为全球新能源汽车产销量最高的国家。此后3年持续快速发展，年增长率均超过50%，一直保持全球新能源汽车产销量第一的位置。2018年年底，中国新能源汽车产销量首次双双突破100万辆，达127万辆和125.6万辆，销量更是占据全球新能源汽车销量50%以上份额，成为世界最大的新能源汽车生产基地和销售市场。中国新能源汽车产业不仅在规模上保持绝对优势，还在产业竞争力上同样优势明显，其中比亚迪2015—2018年连续4年位居全球新能源汽车整车销量第一，“宁德时代”2017年首次登上全球动力电池装机量榜首，2018—2020年又蝉联3年全球动力电池销量冠军。2019年7月1日，由中国科学技术协会和海南省人民政府共同举办的首届世界新能源汽车大会（WNEVC）在海南博鳌召开，来自10多个国家和地区的政府部门及国际组织机构、100多家新能源汽车相关企业代表以及国内外各界嘉宾共1500余人齐聚博鳌。该大会是全球最大规模的新能源汽车会议。

国家主席习近平致贺信，对大会的召开表示热烈祝贺。2019年受补贴退坡的影响，中国新能源汽车产销量首次出现下滑，发展前景一度蒙上阴影。2020年新冠疫情的暴发以及国际形势的错综复杂使中国的新能源汽车产业发展形势更加严峻。在产业各方参与者的共同努力下，2020年中国新能源汽车产销量止跌为增，达136.6万辆和136.7万辆，双双突破130万辆，创产销量历史新高。截至2021年6月，中国新能源汽车保有量已达603万辆，为全球之最，超过全球新能源汽车保有量的一半；中国的纯电动客车更是占据全球95%以上的市场份额；全球动力电池装机量前十名中中国企业占据6席，装机量占比近全球总装机量一半。2020年11月国务院印发《新能源汽车产业发展规划（2021—2035年）》，明确持续大力发展新能源汽车产业的方针。中国已经成为世界新能源汽车产业发展中心，在新能源整车和核心零部件等方面都展现出了绝对的优势，新能源汽车产业已经成为中国最具竞争力的新兴产业。

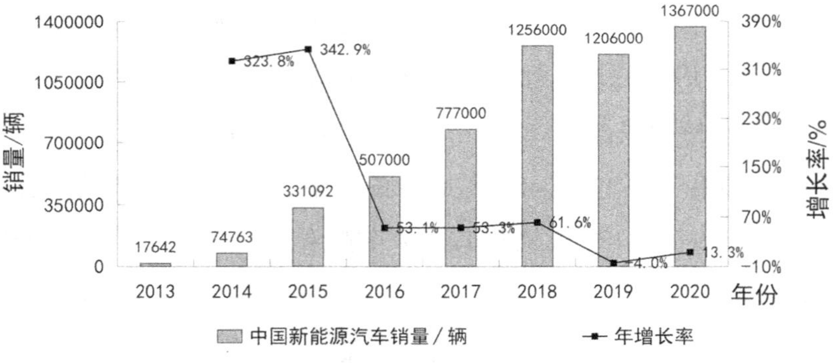

图8　中国新能源汽车历年销量

中国新能源汽车产业虽然只有短短的十余年发展历史，但目前已经步入相对成熟期。由于新能源汽车属于战略性新兴产业，发展初期需要政策和资金扶持，以新能源汽车补贴退坡为节点，发展时期大致可以分为补贴时代和后补贴时代。这两大时期由于技术水平、产业规模、外部环境差别较大，加之新能源汽车补贴退坡的直接影响，呈现出不同的发展状态、路线和特点。

(二)补贴时代发展分析

中国新能源汽车在发展之初由于存在缺乏研发资金、推广宣传不足等劣势,为加快新能源汽车产业技术进步,着力培育战略性新兴产业,2010 年 6 月,财政部、科技部、工信部、国家发改委联合出台《关于开展私人购买新能源汽车补贴试点的通知》,确定在上海、长春、深圳、杭州、合肥等 5 座城市启动私人购买新能源汽车补贴试点工作,插电式混合动力乘用车每辆最高补贴 5 万元,纯电动乘用车每辆最高补贴 6 万元,之后逐步推广到全国,各地方政府可根据地方财政状况自行制定地方补贴政策。2012 年 6 月,国务院发布实施《节能与新能源汽车产业发展规划(2012—2020 年)》,2012—2020 年购买纯电动汽车、插电式混合动力汽车将免征车辆购置税。财政部、科技部、工信部、国家发改委、国家能源局还联合发布《关于"十三五"新能源汽车充电基础设施奖励政策及加强新能源汽车推广应用的通知》,鼓励充电设施的建设与推广,并给予相应的奖补资金,同时鼓励地方政府出台相关扶持政策。此后,北京、广东、山西等省市相继推出地方补贴,最高甚至与国家补贴持平。地方通过给予高额的补贴加速当地新能源汽车的推广普及,并在这一过程中逐渐形成了不同的新能源汽车的发展战略。

1. 补贴时代的产业发展战略

(1)以纯电动汽车为主,其他车型为辅的混合车型战略

新能源汽车种类较多,可发展的方向较广,但真正可以实现技术突破和占领市场的车型较少。国家相关部门重点发展纯电动汽车这一在技术和市场两方面都具有重要作用和价值的车型,同时兼顾发展其他新能源车型,使各种车型技术方面取长补短、共同发展,再根据不同用途占领细

分市场、扩大占有率,最终形成共同繁荣发展的良好局面。

纯电动汽车的动力来源完全为电能,而电力资源具有的价格低廉、使用方便等突出优势,使其在国内的新能源车型中补贴金额最高。2016 年中国纯电动汽车销售 40.9 万辆,占新能源汽车总销量的 80% 以上,在目前整个新能源汽车销量的占比最大,成为新能源汽车行业的绝对主力;纯电动汽车的销量同比增长 65.1%,高于其他车型的同时,作为配套设施的充电桩数量也同比增长 118%,新能源车桩配比将逐年改善。在可预见的未来,纯电动汽车的销量和占比将会进一步提升。

纯电动汽车由于采用电动机、动力电池、电驱控制器组成的电力驱动系统,所以没有发动机、多齿比变速箱等燃油驱动部件,内部结构简单、生产复杂程度低;后期保养方便,可以为整车生产企业节省原材料,大幅度降低生产成本。新能源汽车补贴力度是目前所有车型中最大的,在免购置税等其他优惠政策的共同推动下,价格还会进一步降低,刺激销量的增长,提高企业的销售额和利润。2016 年 3 月 16 日国家发改委核准北汽新能源股份有限公司生产纯电动乘用车项目,这使得它成为首家获得新能源汽车生产资质的企业。2017 年 3 月 11 日,知豆成为第 11 家获得新能源汽车生产资质的企业。所有获批的新能源汽车生产企业全部为纯电动汽车企业。

除纯电动汽车外,插电式混合动力汽车作为另一重要新能源车型,很好地弥补了纯电动汽车续航里程较短、充电设施匮乏等方面的不足,可以满足充电不便和远距离出行的消费者的需求。目前新能源汽车产业正处于各方面不断完善的过渡阶段。2016 年中国插电式混合动力汽车销量达 9.8 万辆,占新能源汽车整体销量的 19.3%,插电式混合动力汽车仍然是不可或缺的重要车型。比亚迪、上汽等汽车企业在插电式混合动力汽车投入比重持续增加。此外,由于氢能是纯清洁能源,氢燃料电池汽车具有完全零排放的优势。宇通客车已发布氢燃料电池客车并将其投入生产。在不久的将来,氢燃料电池汽车将正式进入市场,成为新能源汽车又一重要的发展方向和组成部分。同时，相关企业和机构在太阳能电池汽车方面的研发也在不断进行。

(2)以"互联网+"为依托的智能汽车发展战略

中国互联网产业起步较晚。1989年8月中国科学院承担国家计委立项的"中关村地区教育与科研示范网络"(NCFC)——中国科技网(CSTNET)前身的建设，中国正式开始建设互联网。1991年在中美高能物理年会上，美方提出把中国纳入互联网络的合作计划。1994年4月，NCFC率先与美国国家科学基金网NSFNET直接互联，实现了中国与Internet全功能网络连接，标志着中国最早的国际互联网络的诞生。中国科技网成为中国最早的国际互联网络。1994年，中国第一个全国性TCP/IP互联网——CERNET示范网工程建成，此时中国互联网行业方兴未艾，相关企业如雨后春笋般涌现出来。1997—1999年先后诞生了网易、搜狐、京东、腾讯、新浪、阿里巴巴、百度等互联网企业，其中网易、搜狐和新浪当时被称为三大门户网站，并先后在美国纳斯达克(NASDAQ)上市，风光一时无两。但2000年3月互联网泡沫破裂，并迅速波及全球互联网上市公司，几乎所有互联网上市公司都受到较大打击，大部分公司甚至直接倒闭，三大门户网站也深受其害，发展受到较大影响。与此同时，其他领域的互联网企业开始快速发展。2003年5月阿里巴巴旗下的淘宝网成立，之后急速扩张，2005年12月淘宝用户数和交易量位居行业第一，成为中国最大的电子商务交易平台，之后稳居国内同行业首位；2016年3月淘宝成交额达到4758.9亿美元，一跃成为全球最大电子商务交易平台；2019年淘宝与天猫的总销售额超过9470亿美元；2020年淘宝用户数突破8亿，用户数和销售额稳居全球第一。而另一家电子商务公司——京东，主攻自营式销售模式，自成立之初就一直是中国最大的自营式电子商务平台。2019年京东商城的销售额为2590亿美元，仅次于亚马逊，为全球第二大自营式电子商务平台。腾讯发展初期主打网络在线通信，1999年2月推出QQ软件，其创新的即时通信功能使用户数飞速增长；2002年

3 月 QQ 用户数破 1 亿,2009 年用户数突破 9.9 亿。2011 年 2 月腾讯又推出了智能移动终端即时通信软件——微信,用户数同样飞速增长。2020 年 11 月微信用户数已超过 12 亿,与 QQ 共同成为中文用户数最多的即时通信软件。百度在成立之初就专注于搜索引擎,2003 年超越谷歌成为中国网民首选的搜索引擎,之后一直保持最大中文搜索引擎的地位至今;百度还致力于人工智能的发展,是目前全球领先的人工智能企业。2010 年之后外卖、短视频、共享经济等行业兴起,成为互联网新的发展方向,诞生了小米、字节跳动、美团、滴滴等新型互联网企业。互联网用户数逐年攀升,截至 2020 年年底,中国网民达 9.89 亿人,以绝对优势排名世界第一,互联网普及率达 70.4%。2020 年世界 500 强上榜 7 家互联网企业,中国的京东、阿里巴巴、腾讯和小米等 4 家企业位列其中,其中京东以 835.05 亿美元成为互联网企业营业收入之最。中国互联网产业已经处于全球领先地位。

中国互联网产业的繁荣景象促使政府制定相关的政策。“互联网 +”(Internet Plus)是将互联网作为当前信息化发展的核心特征提取出来,并与商业、金融业等服务业全面融合。2015 年 3 月 5 日上午第十二届全国人民代表大会第三次会议上,李克强总理在政府工作报告中首次提出“互联网 +”行动计划,同年 7 月 4 日,国务院印发《关于积极推进“互联网 +”行动的指导意见》。“互联网 +”的正式推出,标志着中国真正有了自主应对第四次工业革命的战略。“互联网 +”与以往其他国家提出的互联网战略类似,但同时又具有融合性、嵌入性和自适应性这三大特点,是未来中国在新兴产业发展方面的有力工具,有助于实现经济的跨越式发展。作为新兴产业发展中的佼佼者,新能源汽车产业肩负着使中国成为世界汽车强国目标的伟大使命。《关于积极推进“互联网 +”行动的指导意见》在“互联网 + 智慧能源”“互联网 + 人工智能”等方面肯定了新能源汽车的作用和未来的发展方向。2017 年 6 月 15 日,工信部发布关于征求《国家车联网产业标准体系建设指南(智能网联汽车)》意见的通知，进一步明确了建设智能网联汽车标准体系，鼓励新能源汽车利用“互联网+”这一高效、智能的信息技术，提高新能源汽车的生产效率和使用体验，加快新能源汽车的发展。

由于新能源汽车的电子元件相较传统燃油车更多，结构也更为简单，更容易实现智能网联功能，新能源汽车理应成为智能网联汽车的先行者。作为新能源汽车的直接参与者，企业从生产环节和使用环节两方面利用“互联网+”技术升级现有的新能源汽车，使其向智能化方向发展。在生产方面引入智能制造理念，在使用方面利用云计算、大数据等技术开发联网客户端，实现实时监控、远程控制、驾驶辅助等功能。目前国内已经有比亚迪、上汽、吉利、蔚来等企业在进行这方面的研发并已经推出了相关车型，比亚迪的 DiLink、上汽的斑马、蔚来的 NOMI 等智能网联车载系统已经日渐成熟。在不久的将来，智能网联汽车将会更加成熟，普及率更高。

(3)补贴制和准入制政策并行发展战略

核心技术的掌握和产品质量的过硬，才是新能源汽车产业得以持续发展的真正核心竞争力。国家相关政府部门在推行补贴政策的同时，在技术准入方面给予了相关政策。2012 年工信部正式发布《纯电动乘用车技术条件》，用最高车速、续航里程、汽车安全、质量分配、加速性能、爬坡性能、低温性能、可靠性等方面的技术指标规范新能源汽车的研发与生产。2017 年 6 月 12 日国家发改委、工信部联合发布《关于完善汽车投资项目管理的意见》，鼓励企业开展国家合作，允许中外合资新能源汽车项目，引入外资企业竞争，提高本土企业的竞争力。同年 6 月 13 日，工信部起草了《乘用车企业平均燃料消耗量与新能源汽车积分并行管理办法》(征求意见稿)，该办法指出，新能源汽车积分政策将于 2018 年开始实行，2018 年至 2020 年，乘用车企业的新能源汽车积分比例要求分别为 8%、10%、12%，强制传统燃油车企业向新能源汽车领域转型，促进中国新能源汽车产业发展。

2. 补贴时代的产业发展路径

中国新能源汽车产业的发展战略需要相关各方共同努力做好实施环节,这样才能使战略得以顺利推进。作为产业最直接和最重要的参与者,新能源汽车企业的具体发展路径和轨迹时刻影响着整体战略,在战略最终的实现过程中发挥着举足轻重的作用。各家企业自身实际情况不同,新能源汽车的发展路径也不尽相同,按照企业主营业务类型,大致可以把发展路径分为四类。

(1)传统燃油车企业进入新能源汽车领域

2016 年中国新能源汽车销量虽然达到 50.7 万辆,称霸全球,但同年中国汽车总销量为 2802.8 万辆,新能源汽车销量占汽车整体销量的比重仅为 1.8%,传统燃油车企业仍然是目前汽车企业的主流,以绝对优势占据汽车市场。传统燃油汽车在整车制造、营销网络、售后体系等方面经过多年的发展已经相当成熟,可以为消费者提供品质优秀、安全可靠的产品。随着近年新能源汽车产业的快速发展,越来越多的传统燃油车企业进入新能源汽车领域。传统燃油车企业由于拥有丰富的整车制造经验和完善的销售网络体系,所以可以通过自主研发或收购相关企业来实现新能源汽车技术的突破,进而占领市场,此类代表企业有上汽、北汽、吉利等。2016 年国内新能源汽车销量排名前十的企业有 9 家为传统燃油车企业,传统燃油车企业的新能源汽车销量占新能源汽车整体销量的 80%以上,可见传统燃油车企业依然是目前销售国内新能源汽车的主力军。传统燃油车在整车制造方面有先天优势,但同时,新能源汽车研发和制造方面的缺失使其发展的上升空间受限。目前传统燃油车大多只能生产性能、续航一般的普通新能源乘用车,在高端和特种新能源汽车方面的产品十分匮乏,缺乏市场竞争力,产品质量和售后方面的问题也频频出现,这些是目前传统燃油车企业在新能源汽车领域急需解决的问题。

(2)相关零部件企业进入新能源汽车领域

零部件是汽车的重要组成部分,整车的生产是数十万个零部件的复杂整合过程。作为汽车生产中重要的供应商,相关的零部件企业在新能源汽车的发展大潮中,希望能借助自身拥有的核心零部件研发与制造优势,转型成为整车制造商,在新能源汽车这一新兴市场占有一席之地。零部件企业由于并没有整车制造的经验,所以可以通过自建生产线或者收购其他整车企业进入新能源汽车领域,此类代表企业是比亚迪。比亚迪成立之初是一家电池生产企业,2003 年通过收购秦川汽车才进入汽车制造业,2005 年生产出第一辆汽车,2008 年利用自身电池开始研发新能源汽车。比亚迪生产的 F3DM 是全球第一辆插电式混合动力量产汽车,之后又相继推出 e 6、唐、秦等新能源车型,获得市场好评,销量激增。2015 年比亚迪新能源汽车以 61726 辆的销量首次登顶全球,2016 年又以 100183 辆的销量蝉联全球新能源汽车销量冠军。比亚迪的巨大成功极大地激励了其他汽车零部件企业进入新能源汽车领域。国内最大的汽车底盘系统制造商万向集团于 2014 年 3 月收购美国电动汽车制造商菲斯克公司,正式进入新能源汽车领域;而国内最大的汽车零部件企业潍柴动力也推出了英致新能源汽车。除整车制造外,传统零部件企业也在逐步进入新能源汽车零部件制造领域。国内知名发动机制造商玉柴集团于 2005 年开始就积极发展新能源动力产业;2015 年中国混合动力客车销量超过 25000 辆,其中 16500 辆采用了玉柴混合动力系统,玉柴的市场份额超过 65%。

(3)成立新能源汽车企业

传统的汽车整车及零部件企业利用自身优势进入新能源汽车领域是目前新能源汽车产业发展的主要方式,但是由于新能源汽车的技术特点和内部结构与传统燃油车有一定的区别,在研发和生产的过程中需要进行技术和生产线的调整、升级,会产生额外的成本,耗费时间和精力,加之某些技术水平较低的企业在研发能力和质量控制方面上的不足,会造成新能源汽车产品在品质方面的缺陷。于是,为了降低研发和生产的转型成本、实现快速发展,近年国内涌现出了众多新成立的新能源汽车企业。新成立的新能源汽车企业大多拥有自主研发的新能源汽车技术,可以绕过传统燃油车的初始发展阶段,形成新能源汽车发展的后发优势,利用"互联网+"平台,直接进行新能源汽车的研发和生产,从事新能源汽车业务。

目前新建的新能源汽车企业主要有两种模式:第一种是已经取得新能源汽车生产资质的企业,自建生产线进行新能源汽车的生产,此类代表企业是云度汽车;第二种模式是与现有取得新能源汽车生产资质的整车企业进行合作,新能源汽车企业提供技术、系统等方面的支持,整车企业提供生产线等设备支持,此类代表企业是蔚来汽车。由于新能源汽车产业准入的技术、资金门槛相对较低,预期利润可观,所以近几年出现了如游侠汽车、风翔汽车、奇点汽车、赛麟汽车、拜腾汽车等一批互联网造车公司跟风进入新能源汽车领域的情况,而这些企业由于缺乏必要的研发能力和技术条件,目前项目进度缓慢,没有在市场上推出实质性的产品,某些企业甚至已经破产倒闭,给社会造成巨大的资源浪费。

除整车制造企业之外,也涌现了一些优秀的新能源汽车零部件企业,为新能源汽车提供必要的零部件,代表企业是"宁德时代"。"宁德时代"成立于2011年,是一家专注于动力电池和储能系统研发制造的企业,致力为绿色交通提供动力电池解决方案。经过几年的快速发展,"宁德时代"已与上汽、北汽、长安、吉利、长城、东南、宇通、海格、金龙、重汽、东风等多家国内车企建立了合作关系。2017年"宁德时代"以12GW·h的装机量首次夺得全球动力电池装机量冠军,力压比亚迪、LG、松下、三星等一众传统电池制造商,令人刮目相看。

(4)跨行业进入新能源汽车领域

无论是传统燃油车整车及零部件企业还是新成立的新能源汽车企业,都属于新能源汽车领域的相关企业,有一定的汽车生产和销售经验,利用现有资源可以更加便捷地进入新能源汽车领域。这几类企业是目前新能源汽车产业发展的主要力量，占据了新能源汽车市场份额的大部分。除此之外，也有其他行业的企业看中近年新能源汽车产业的蓬勃发展，开始进入这一新兴领域。

目前跨行业进入新能源汽车领域的模式主要有三种：第一种是自建生产线进行新能源汽车的生产，如汉能集团在 2016 年 7 月发布四款太阳能汽车，并计划未来两到三年内实现量产；第二种模式是收购相关企业进入新能源汽车领域，如格力电器在 2016 年 8 月收购银隆汽车，计划生产新能源汽车；第三种模式是入股新能源汽车企业，如腾讯公司在 2017 年 3 月用 18 亿美元收购特斯拉 5% 的股份，成为公司第五大股东。目前跨行业进入新能源汽车的企业较少，且都处在计划阶段，并没有实质性的产品，其后续发展态势还有待市场的检验。

3. 补贴时代存在的问题

中国新能源汽车产业的强势崛起得益于相关企业在产品质量和技术研发的不断突破，以及政府部门对产业的大力扶持。政府部门对产业的支持包括资金、场地、通行等方面，特别有成效的是资金性补贴。资金性补贴采取购车款减免和免车辆购置税的双补贴政策，对象包括新能源汽车相关企业和消费者。该政策一方面可以大大减轻企业在发展过程中遇到的资金短缺压力，鼓励企业持续研发新能源汽车产品；另一方面可以让消费者得到购车实惠，刺激新能源汽车的销量。中央和地方政府从 2009 年开始对新能源汽车的生产和销售环节进行补贴。截至 2019 年 3 月，中央累计发放新能源汽车财政专项补贴约 958.4 亿元，全国上百家企业和上百万名消费者从中直接受益，进一步保障了新能源汽车产业的良性健康发展。对新能源汽车的补贴在产业发展过程中发挥了不可替代的巨大作用。

新能源汽车属于战略性新兴产业，发展初期往往以政策引导为主，在扶持政策中,产品购买环节的货币补贴对产业发展的促进最为明显和直接。中国在 2015—2017 年蝉联 3 年全球新能源汽车产销量冠军,补贴在其中起到了至关重要的作用。但同时,初期补贴还存在漏洞,出现了一些前所未有的问题。

(1)过度依赖补贴造成竞争力下降

新能源汽车补贴的初衷是为了避免企业投资新能源汽车产品研发而导致的资金短缺问题,使企业有足够的资金进行发展。比亚迪、北汽、宇通等大型新能源汽车企业直接从中受益,已成长为国内乃至全球具有产业影响力的重要企业。但同时,众多中小企业在获得新能源汽车专项补贴之后出于自身研发能力不强、管理体制不完善等的考虑,将部分或全部补贴挪用至其他方面,并没有充分发挥其作用,导致其技术实力和研发水平停滞不前,进而影响企业的整体发展。目前已经有数家新能源汽车企业在获得补贴之后仍然经营困难,其中海马连续两年巨额亏损,众泰整体被金马股份收购,知豆由于巨额债务导致其股权被拍卖;与之形成鲜明对比的是,特斯拉、宝马、大众、丰田等外资汽车企业在没有获得补贴的形势下依然加大对新能源汽车产品的研发投入力度,推出相应产品抢占中国市场。2019 年之后,国内新能源汽车市场已经初现雏形,相比之下,中国品牌过度依赖补贴产品竞争力不升反降。中国新能源汽车产业的整体发展速度放缓。

(2)部分企业骗取补贴,造成恶劣后果

由于中央政府和地方政府的补贴金额可观,所以一些企业开始投机取巧,把本应专款专用的补贴资金挪作他用。除了挪用新能源汽车补贴,部分企业还伪造产品参数和相关文件以骗取巨额新能源汽车补贴,其行为更加恶劣,造成的后果更加严重。2016 年 1 月,工信部、财政部、科技部、国家发改委联合启动对新能源汽车相关情况的专项核查工作。2016 年 9 月 8 日,财政部曝光苏州吉姆西客车制造有限公司等 5 家新能源汽车生产企业意图骗取国家财政补贴超 10 亿元的行径,其中不乏奇瑞汽车、金龙客车等大型知名企业,它们造成中央财政重大损失。鉴于其严重后果、恶劣影响,财政部最终取消苏州吉姆西客车制造有限公司的财政补贴申报资格,追回全部补助资金,同时由工信部取消其整车生产资质;其余4家企业同样被追回中央财政补助预拨资金,依规按问题金额的50%处以罚款,并从2016年起取消其中央财政补贴资格。2016年全年查出73家企业骗取新能源汽车补贴,总金额多达90亿元,造成国家资产的严重流失,产生了恶劣的社会影响。

骗补事件发生之后,相关部门开始重点整顿新能源汽车产业,此后的数年同类事件鲜有发生。但此次骗补事件对新能源汽车产业的影响深远,在业界和社会舆论等方面都造成了极其负面的影响,直接促使相关部门大幅度修改现行新能源汽车补贴政策,同时进一步加深了民众对新能源汽车的误解,对产业整体发展产生了极大的负面效应。

(3)增加财政支出负担,影响整体经济发展

实施新能源汽车补贴政策以来,中央政府已经累计投入近千亿元资金,这些资金全部来自财政收入;而近年由于在关乎民生的基础设施和科教文卫方面的大量资金投入,中央政府已经连续数年出现财政赤字。2019年中央财政赤字约1.83万亿元,赤字率达到2.8%,尚处于安全可控范围。除了中央政府,地方政府同时对新能源汽车产业进行了补贴。2019年,安排地方财政赤字9300亿元,但地方政府债务已经远超财政缺口。截至2020年2月末,全国地方政府债务余额225302亿元,整体高于60%的负债率警戒线,部分地方政府的负债率甚至超过100%,形势严峻。造成这一局面的主要原因便有对新能源汽车等新兴产业补贴力度过大和无法削减的基础设施建设投入。如果今后持续对新兴产业进行补贴,地方财政状况将进一步恶化,进而影响整体国民经济的发展。

(4)新能源汽车配套设施建设不完善

国家能源局的统计数据显示,截至2016年10月末,中国电动汽车充电桩达到10.7万个,较上一年增长118%,加上私人充电桩,充电桩总数

已经超过 17 万个；但相对于超过 74 万辆的新能源汽车保有量，车桩比仍高达近 5∶1，充电桩远远无法满足新能源车主的需求。目前公共充换电设施不完善，新能源汽车的主要能源补给方式仍然是私家车位充电桩。但城市停车位不足，多数老旧小区没有固定车位、电容量没有多余负荷等，致使后期改造难度大，私人充电桩安装时常受阻。私人充电桩增长缓慢，但公共充电桩亦存在距离远、充电时间长、管理无序等突出问题，使用率较低。在可预见的未来，充电桩的缺口会进一步扩大，进而影响新能源汽车的使用和推广。

（5）地区发展不平衡，地方保护主义明显

由于各地区的补贴金额和使用条件不尽相同，所以地区间的新能源汽车推广情况差异较大，同时也造成了地区间新能源汽车推广普及水平的不平衡。北京、深圳、上海等一线城市由于经济发展水平较高，有充足的财政收入，可以对新能源汽车购买和使用进行补贴，地区推广情况较好，普及水平高；但广大二、三线城市受限于经济实力和地方财力，无法对新能源汽车给予财政补贴和便利政策，推广力度有限，普及水平低。

在推广普及发达的地区，受地方利益等因素的影响，同样存在一定程度的地方保护主义，各地区往往会制定有利于本土新能源汽车及相关企业发展的政策。如北京市只把纯电动汽车归入新能源汽车，造成北京市目前新能源汽车总量的 95% 以上为纯电动汽车这一失衡比例，有长途需求的新能源车主购买混合动力车型时没有任何补贴；而北京本土企业北汽集团旗下的纯电动汽车占北京新能源汽车总保有量的 40% 左右，成为占有率最大的车企。深圳、上海、郑州在政策上与国家基本保持一致，但在具体细则上会有所偏向：深圳市的所有运营车辆全部采用本土汽车企业比亚迪的新能源汽车；上海市新能源汽车补贴政策（2016 年）对插电式混合动力汽车的油箱容量要求小于或等于 40L，而本土企业上汽的新能源混合动力汽车的油箱均小于 40L；郑州市公共交通车辆全部采用本土企业宇通客车生产的新能源客车。

便利政策方面,国内大部分城市都出台了有利于新能源汽车推广普及的政策,如不限行、不限购、停车免费等,但有个别城市出台不限行政策时,依然将混合动力汽车归入限行车辆行列,对在新能源汽车占有相当比例的混合动力车的车主造成了极大不便。除此之外,国内其他城市也都存在不同程度的偏好问题。

(三)后补贴时代发展分析

新能源汽车补贴在促进新能源汽车发展的同时,有着众多全新问题,其中的某些问题甚至成为产业进一步发展的巨大障碍和隐患。针对这一系列问题,中央政府在对新能源汽车产业进行补贴的同时,为进一步提高产业竞争力,开始逐步减少资金性补贴,转而引导企业逐渐摆脱补贴依赖、提升自身研发能力,客观上避免骗取补贴等恶性问题的出现。财政部、科技部、工信部、国家发改委于 2015 年 5 月联合发布《关于 2016—2020 年新能源汽车推广应用财政支持政策的通知》,补贴自 2017 年开始逐渐退坡,至 2020 年完全取消,新能源汽车产业正式进入后补贴时代。2019 年 3 月 26 日财政部、工信部、科技部和国家发改委联合发布《关于进一步完善新能源汽车推广应用财政补贴政策的通知》,其中明确地方政府不再对新能源汽车给予购置补贴。正式取消地方补贴标志着新能源汽车补贴减少 50% 左右,加上退坡的中央补贴,2019 年 7 月国内新能源汽车产销分别为 8.4 万辆和 8 万辆,比上年同期分别下降 6.9% 和 4.7%,为有数据统计以来的首次月度下降,之后连续 6 个月新能源汽车产销量同比下降,市场持续萎靡不振。下半年的不佳表现进而影响到 2019 年全年:2019 年中国新能源汽车销量为 120.6 万辆,同比下降 4.0%,为有统计数据以来的首次下降。补贴退坡对于新能源汽车产业的影响开始显现,预计未来一段时间还将持续此态势。

1. **后补贴时代的发展特点**

2017年新能源汽车的退坡政策短期内对中国新能源汽车产业造成一定影响,但同时可以让各参与方更加清醒地认识到目前产业发展的真实状况,以便作出正确的发展战略和路线的调整。除对新能源汽车产销量最直观的影响以外,综合车企双积分制、放开合资车企股比等一系列政策的效应,加上中美贸易摩擦等外部环境因素的影响,使得新能源汽车产业发展环境发生重大变化。产业格局除了以往的固有态势,还呈现出一些新特点。

(1)总体销量和市场份额仍然呈现增长态势

2019年中国新能源汽车销量首次出现下滑,但之前的3年无论是总体产销量还是在汽车总销量的占比这两方面均保持快速增长态势。2016年国内新能源汽车销量50.7万辆,占当年汽车总销量的1.8%;2017年国内新能源汽车销量达77.7万辆,同比增长53.3%,占当年汽车总销量的2.7%,比上年提高0.9个百分点;2018年新能源汽车销量125.6万辆,占当年汽车总销量的4.5%,比上年提高1.8个百分点;2019年新能源汽车总体销量虽然同比下降,但4.0%的降幅相比整体8.2%的降幅大幅度收窄,占当年汽车总销量的比例达到了4.7%,高于2018年;2020年汽车整体销量持续下滑,但新能源汽车销量却逆市上扬,同比增长13.4%,达136.7万辆,占汽车总销量的比重为5.4%,首次突破5%;新能源汽车销量和占比双双创历史新高,市场接受度进一步提升。这表明新能源汽车产业在逐步摆脱对补贴的依赖,更多地依靠自身产品实力去争夺并扩大市场销量和份额。新能源汽车在节能、舒适性、通行政策等方面相较传统的燃油车具有明显优势,这一观念也逐渐被大众接受。今后随着技术的不断进步和成熟,优势会进一步扩大,加上政府部门和社会舆论对新能源汽车持续的宣传普及,有购买意愿的新能源汽车潜在消费者数量会日益增多。在可预见的未来,新能源汽车的销量和在汽车总销量的比重会持续提高。

(2)传统车企大量进入市场,竞争与合作并存

除逐年递减的新能源汽车补贴政策之外,中央部委还出台了一系列鼓励新能源汽车产业发展的政策。2017 年9 月28 日,工信部、财政部、商务部、海关总署、质检总局联合公布了《乘用车企业平均燃料消耗量与新能源汽车积分并行管理办法》(简称双积分制度),对传统能源乘用车年度生产量或者进口量不满 3 万辆的乘用车企业,不设定新能源汽车积分比例要求;达到 3 万辆以上的,从 2019 年度开始设定新能源汽车积分比例要求,2019 年度、2020 年度的新能源汽车积分比例要求分别为 10%、12%,2021 年度及以后年度的新能源汽车积分比例要求由工信部另行公布。

双积分制度是近年新能源汽车政策当中影响最为深远的一项,倒逼新能源汽车发展滞后甚至不发展的传统燃油车企业加速向新能源汽车方向发展转型。此后,大众、长城、吉利、宝马、福特等燃油车销量占比较大的传统汽车企业纷纷加快新能源汽车产品的研发,一方面为应对新的双积分制度,另一方面是为了抢占新能源汽车市场份额。而以蔚来、威马、小鹏为主的新兴纯新能源汽车企业由于进入汽车行业时间较短,技术储备和制造经验不足,产品质量和售后问题频出,影响到了总体销量。2018 年造车新势力全年销量 2.6 万辆,仅占当年新能源汽车总销量的 2.1%;以比亚迪、北汽、上汽为代表的传统汽车企业的新能源汽车销量仍然占据绝对优势;此外,大众、宝马、长城等燃油车企业的新能源汽车销量快速增长,占据一定份额。未来的新能源汽车市场竞争将愈加激烈。

在各大汽车企业奋力占领新能源市场的同时,基于优势互补和利益共享的考虑,企业间在新能源汽车领域的合作也愈加频繁。在此之前,比亚迪与奔驰在整车制造方面、“宁德时代”与主流整车企业在动力电池方面的合作就有进一步加深。双积分制度出台之后,新兴汽车企业与传统汽车企业之间开始出现合作态势:蔚来与江淮集团、广汽集团在整车研发

和制造体系达成合作，利用双方在服务和生产方面的优势持续共同发展；2019 年 7 月比亚迪正式宣布与丰田合作，共同开发整车及动力电池，这是整车企业首次在新能源汽车领域进行共同研发。

新能源汽车产业内部竞争与合作共存的现状一方面迫使汽车企业加紧提高自身研发实力，以适应市场环境得以生存；另一方面促使企业通过合作建立联盟共同进步，最终使产业整体向良性健康的方向发展。

(3)与相关新兴产业深度融合

燃油车时代的汽车制造业由于使用传统机械结构和化石燃料，产业链相对封闭，主要与石油化工、机械制造等重污染、高能耗的传统产业相关性较强、联系紧密，且一直呈融合发展的态势。随着近年新能源汽车这一新兴产业的蓬勃发展以及传统重工业的持续衰落，新能源汽车产业链结构发生重大变化，与传统产业的相关性持续降低，甚至与石油化工等传统能源产业彻底无关；与新能源、新材料、电子信息、节能环保、人工智能等新兴产业相关性逐渐增强，融合发展趋势明显。

由于新能源汽车结构相对简单，电子零部件较多，车载智能网联方面具有结构性优势，所以目前大部分新能源汽车企业已经建立车载网联系统，车主可以随时监控车辆运行状态。上汽与阿里巴巴达成战略合作、比亚迪与华为联合开发车载系统表明汽车企业与互联网企业在逐步建立稳固的合作关系；汉能等光伏企业加强与汽车企业合作，共同开发太阳能电池汽车，已进入试验阶段，新能源产业与新能源汽车产业开始深度融合；轻量化车身可以大幅度提高电动汽车的续航里程，蔚来、长城华冠与相关新材料企业合作，分别在其推出的纯电动汽车产品上采用全铝合金车身和碳纤维覆盖件，新材料提高续航里程的效果明显。

新能源汽车产业与相关新兴产业的融合发展得益于双方在高效、节能、环保等方面的一致性，是新型的产业融合。新能源汽车产业已经成为产业融合发展的引领者，正在加速淘汰低效率、高能耗、重污染的传统产业，促进新兴产业共同快速发展，加快产业转型升级，最终促进整体经济发展。

(4)高端市场日渐繁荣

在中国新能源汽车产业发展初期,由于企业发展规模和资金有限,加之当时社会整体消费水平偏低,中国品牌汽车基本以10万元左右的低端车型为主。随着中国汽车技术水平和生产工艺的逐渐提升以及人均收入的快速提高,中国品牌汽车开始逐步向高端化迈进,售价开始逐步上探,10万—20万元的车型开始大量上市,与外资品牌争夺市场,甚至出现高达500万元以上的红旗L5豪华汽车。但由于三电技术不成熟,新能源汽车市场仍然以10万元以下的经济型微型汽车为主。中国新能源汽车产业发展初期,放眼全球也仅有特斯拉生产高端新能源汽车。随着技术的进一步成熟,中国新能源汽车企业开始谋求突破,迈向高端。2015年比亚迪率先打破沉寂,推出性能强大的混合动力轿车比亚迪秦和混合动力SUV比亚迪唐,其中比亚迪唐补贴后售价仍然超过20万元,成为当时中国品牌售价最高的新能源汽车;产品一经推出便广受好评,比亚迪唐更是在当年就拿到了中国新能源汽车销量第三的好成绩。比亚迪唐成功打开了中国品牌新能源汽车的高端之路,但更高的30万元价位却仍然被BBA(奔驰、宝马、奥迪)牢牢控制。2017年12月,蔚来首款纯电动汽车ES8上市,起售价高达44.8万元,业界哗然。上市后,蔚来凭借过硬的产品力和优质的服务使其销量节节攀升。2020年蔚来销量达到4.37万辆,平均成交价超过42万元,超过奥迪和宝马,成为成交价最高的中国汽车品牌,BBA的地位开始受到挑战。除了蔚来,小鹏和理想均有售价超过30万元的车型,这3家企业的销量位列造车新势力三甲。在造车新势力的迅猛发展之下,传统汽车企业同样不甘落后,国产高端新能源汽车的开创者比亚迪再接再厉,在2020年7月推出比亚迪汉新能源豪华轿车。比亚迪汉上市后口碑极佳,销量持续上升,2020年销量仅次于BBA,位列中国C级轿车排行榜第四,是中国品牌C级轿车有史以来的最高排名。另一家传统燃油车豪华品牌——红旗开始全面进入新能源汽车领域。红旗在

2020年年底推出E-HS9纯电动豪华SUV，起售价超过50万元，成为当时起售价最高的中国品牌SUV。此外，上汽的智己汽车、吉利的极氪汽车、长城的沙龙汽车等高端汽车品牌相继成立。随着国人收入水平的快速提高和对民族品牌的逐步认可，中国品牌新能源汽车高端市场前景一片光明。

2. 后补贴时代存在的问题

中国新能源汽车产业在2017年补贴减少之后依然快速发展，2018—2020年又蝉联3年全球新能源汽车产销量冠军，是全球最大的新能源汽车生产基地和销售市场。但政策的影响往往是潜移默化且持续长久的，新能源汽车在后补贴时代开始显现很多新问题。

(1)整体增速大幅度放缓，发展前景不明朗

中国新能源汽车产业规模在2014—2018年这5年持续高速发展，新能源汽车销量年均增长率一直保持在50%以上，即使是在2017年补贴减少之后，2018年销量增长率仍然在60%以上，发展前景一片大好；但2019年3月，新的补贴政策发布，由于大幅度降低补贴额，新能源汽车市场形势急转直下。从7月新的补贴政策实施开始，新能源汽车销量开始大幅下跌，此后连续6个月下跌，直接导致2019年全年新能源汽车销量增长率大幅度下滑至负数，总体销量首次同比下降。2020年虽然实现了正增长，但增速远低于之前的快速增长期，中国新能源汽车销量在全球总销量的占比也在持续下降。2016年中国新能源汽车在全球总销量的比重达到顶点的65.5%，之后便开始逐年下降。2019年由于销量下滑，占比已降至54.5%；2020年销量虽然同比增长，但增长率远低于全球整体水平，在全球总销量的比重仅为42.2%，创2015年以来的新低。中国新能源汽车产业的地位和影响力在逐渐被削弱，这一态势值得产业各参与方警惕。

此外，市场形势的巨大变化导致政府部门和相关企业在新能源汽车

未来发展前景和方向规划方面作相应调整。2019 年 8 月 22 日工信部发布对《关于研究制定禁售燃油车时间表加快建设汽车强国的建议》的答复，其中明确指出将支持有条件的地方建立燃油车禁行区试点，在取得成功的基础上，统筹研究制定燃油车退出时间表。海南省成为全国第一个禁售燃油车的试点，但海南新能源汽车推广效果却不尽如人意：2018 年海南新能源汽车销量仅占汽车总销量的 1.8%，远低于全国平均水平，禁售燃油车的目标依然任重道远。2019 年下半年，蔚来、威马、小鹏等新造车企业的纯电动汽车相继发生数起车辆自燃事件，引发主流媒体和评估机构对动力电池安全性的强烈质疑，使上述企业承受社会舆论的巨大压力，进而影响产品口碑和销量。同时学术界开始出现对新能源汽车产业发展路线不同方向的分歧和争论，提出质疑的人不乏中国科学院和中国工程院院士等技术领域专家。新能源汽车产业发展前景重新出现不可预测的情形。

（2）外资企业开始抢占中国品牌市场份额

中央和地方政府在产业发展早期对新能源汽车企业提供巨额资金补贴，引导和鼓励汽车企业转型研发新能源汽车产品，使中国新能源汽车企业发展较快，相关产品技术和质量方面较为成熟，主导国内新能源汽车市场。2016、2017、2018 年新能源汽车总销量中，中国品牌都达到了 90% 以上的市场份额，占据绝对优势，远超在汽车总体市场 40% 左右的市场份额，外资品牌基本无法与中国品牌抗衡。中国品牌之所以优势巨大，一方面是因为自身产品竞争力较强，另一方面是因为新能源汽车产业处于发展初级阶段，还在保护期内，中央和地方政府对新能源汽车企业的财政补贴使新能源汽车比同等燃油车价格低 30%—50%，吸引更多消费者购买并从中受益。

然而，中国品牌新能源汽车的市场地位随着补贴退坡、双积分制、放开合资股比等一系列新政策的实施以及中美贸易摩擦等国际形势的突变而发生改变，传统外资燃油车企业纷纷开始转型发力新能源汽车产品，大众、宝马、丰田等国际汽车巨头相继推出自己的新能源汽车产品，开始与中国品牌争夺市场。以混合动力汽车为例，如图9，在2015、2016、2017年中国混合动力汽车市场中的占有率一直在97%以上，2018年中国品牌占有率有所下降，但依然在85%以上，外资品牌毫无竞争力可言。但从补贴大幅度退坡的2019年开始，市场形势发生巨变：宝马5系、帕萨特、途观等热销外资燃油车型的混合动力版陆续上市，大举占领市场；与此同时，由于混合动力车型补贴下降严重，中国品牌转而主要发展纯电动汽车产品，在混合动力车型的研发投入减少，这导致产品竞争力下滑。截至2019年上半年，外资品牌在国内混合动力汽车市场的占有率增长迅猛，已经接近40%，中国品牌的市场份额下滑严重。虽然混合动力汽车销量在新能源汽车总销量的占比已不足20%，但仍然要引起本土混合动力汽车企业的警觉。

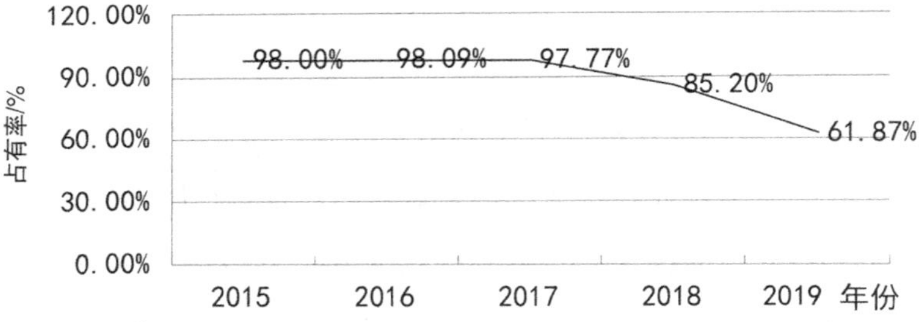

图9 中国品牌混合动力汽车市场历年占有率

此外，2018年4月发布的放开车企合资股比政策对外资汽车企业在华投资计划产生了重大影响。新政实施之后，宝马、丰田等企业随即开始调整在华企业的投资比例，而之前采用整车进口方式进行销售的外资新能源汽车企业开始纷纷以新的方式进入中国市场。2019年1月7日，全球最大的纯电动汽车生产企业特斯拉的独资工厂在上海自由贸易区临港新片区开工建设，特斯拉成为中国首家外资独资汽车企业；同年10月，首辆 Model 3 轿车正式下线，价格比之前的进口车型低数万元，产品竞争力大增;2020 年 1 月国产特斯拉正式交付,2 月便以 3900 辆的销量首次成为国内新能源汽车销量冠军,3 月销量更是一举突破万辆,拉大了与其他品牌的优势。2020 年国产特斯拉销量达 137459 辆,获得中国新能源汽车单一车型销量冠军,创外资新能源汽车销量新高,而中国市场的热销也助其蝉联 2020 年全球新能源汽车销量冠军。外资品牌在中国新能源汽车市场的占有率已接近 30%,中国品牌的市场份额在未来会持续受到外资品牌的冲击。

(3)技术发展相对缓慢,市场吸引力有限

新能源汽车产业目前还处于初级发展阶段,技术水平虽然一直在提升,但总体还不够成熟。2017 年之前,中央对新能源汽车产业进行大力度的政策扶持和资金补贴,使产业一直处于平稳快速的发展状态,促进效果明显;但随着补贴逐步退坡,新能源汽车与燃油车相比价格优势不再,销量开始下滑,与此同时相关核心技术没有取得重大突破,导致竞争力进一步下降。

以动力电池为例,动力电池是新能源汽车最核心的部件,其成本占到新能源汽车总成本的 1/3 甚至一半,决定了汽车的续航里程。2017 年以来,工信部制定的新能源汽车补贴标准对动力电池的能量密度有明确详细的要求,并且逐年提高标准,只有高于最低能量密度标准才可以获得相应的全额补贴,同时给予超过标准的高能量密度的产品更高倍数的补贴,目的是鼓励新能源汽车企业加大研发,提高能量密度。2017 年新能源乘用车获得补贴的最低能量密度为 $90W \cdot h \cdot kg^{-1}$,2018 年上升为 120—$140W \cdot h \cdot kg^{-1}$,2019 年提升到 $160W \cdot h \cdot kg^{-1}$。虽然标准逐年递增,但产品的续航里程仍然不甚理想,以《新能源汽车推广应用推荐车型目录》(2019 年第 1 批)中的车型为例,能量密度平均数为 $148.13W \cdot h \cdot kg^{-1}$,中位数为 $145.64W \cdot h \cdot kg^{-1}$,均未达到 1 倍补贴标准。2019 年上市销售的新能源汽车最长续航里程仅为 650km。2020 年 4 月公示的极狐 ARC-FOX αT 的能量密度达到 $194.12W \cdot h \cdot kg^{-1}$,创能量密度新高;同月上市的小鹏P7纯电动轿车续航里程达到706km，为2020年续航里程最长的纯电动汽车。但目前绝大部分纯电动汽车的续航仍然在500km左右，与燃油车相比不占任何优势。新能源汽车企业在能量密度和续航里程方面的提升相对缓慢和十分有限。

除动力电池以外，中国品牌在IGBT、充换电等方面的技术与外资企业同样存在差距，目前仅有比亚迪、中国中车、蔚来、北汽等少数企业掌握核心技术，而某些企业在发展新技术的同时往往忽略汽车最基本的安全技术。2019年5—7月的短短3个月里共发生79起新能源汽车自燃事故，涉及数个品牌，大部分集中在新进企业，主要是因为新企业为追求短期补贴和利润，盲目自发地扎堆进入新兴产业，但研发实力、生产经验与传统企业差距仍然较大，无法进行良好的产品质量把控。

(4)新兴企业扎堆野蛮无序发展

中国新能源汽车产业近年的快速发展不仅使传统企业从中受益，还凭借着优厚的产业扶持政策以及新兴企业的成功迅速吸引众多相关从业者和资本市场的到来。2014年游侠汽车的成立拉开了新兴企业进入新能源汽车产业的序幕。对新能源汽车产业未来发展前景的持续看好，使得新成立的新能源汽车企业如雨后春笋般诞生。截至2019年，已经有超过50家新能源汽车企业相继成立，他们被业界称为造车新势力，其中不乏蔚来、小鹏、理想、威马、合众、零跑等优秀企业。部分新兴企业已经在激烈的新能源汽车市场中脱颖而出，开始和传统企业正面竞争；但其他大部分企业在成立之后就发展缓慢，特别是在新能源汽车补贴退坡之后，过度依赖资本的造车新势力整体发展形势急转直下：拜腾、赛麟、长江、乐视等汽车企业由于经营困难已经破产倒闭，而前途、奇点、绿驰、爱驰等企业由于销量惨淡，已处于停工状态，前途未卜，目前能够正常运营的企业不到10家；造车新势力头部企业——蔚来2020年销量仅排名中国新能源汽车企业第八，如果放入汽车整体市场中其排名还要后移，造车新势力整体市场份额目前仍然较小。

新能源汽车新兴企业发展缓慢,目前还无法与传统企业抗衡,原因是多方面的:首先,几乎所有新兴企业都不具备汽车生产资质和基础研发技术,大多数企业是通过与传统企业合作的方式获得生产资质,再通过大量采购核心零部件来完成生产的,只有极少数企业拥有自主核心技术,产品竞争力欠缺;其次,大多数新兴企业的主要资金来源是融资,逐利的资本市场会根据企业发展前景来决定投资意愿,大大增加了企业的经营风险;最后,新兴企业大多没有形成完备的销售体系,无法为消费者提供从售前到售后的一整套完善服务。传统企业可以较好克服的阻碍,需要新兴企业进一步提升自身的硬实力去克服。

四、亚洲新能源汽车产业发展分析

亚洲汽车工业起步较晚，但发展迅速，东亚一直是亚洲汽车工业中心，其中日本在20世纪初就生产出亚洲第一辆汽车，之后汽车产业便伴随其经济和军事实力的迅速壮大同步发展。20世纪30年代中国生产出第一辆汽车。随后日本发动第二次世界大战，对其周边的亚洲国家实施侵略，三菱、日产、丰田、五十铃等企业生产的汽车陆续投入战争，给其他亚洲国家带来了深重灾难，最终自己也吞下了战败的苦果。二战之后，中国和日本汽车产业重新发展：50年代初中国生产出新中国成立后的第一辆汽车；日本汽车战后发展更加迅猛，到80年代汽车产量已经跃居世界第一，产品远销全球各地，成为世界汽车强国。与此同时，韩国汽车产业开始崛起，60年代末自主生产出本国第一辆汽车之后发展迅速。90年代亚洲汽车工业发展整体缓慢，日本汽车产量被美国超越长达10余年。2006年日本又反超美国，重夺第一。之后沉寂多年的中国汽车产业强势崛起，2009年汽车产量超过日本，首次登顶全球榜首，之后开始逐渐拉大与其他国家的差距，直到2020年以2522.5万辆的汽车产量稳居全球产量第一，长达12年，成为新的汽车产业强国。除了东亚地区，亚洲其他地区的汽车产业也蓬勃发展。南亚的印度汽车产业近年快速发展，以塔塔集团为代表的汽车企业通过国际收购不断壮大；2019年印度汽车产量达到451万辆，排名全球第五。2020年亚洲汽车总销量超过4000万辆，占全球总销量的50%以上，位居各大洲之首并超过其他大洲销量之和。亚洲是全球最大的汽车生产基地和销售市场。

（一）亚洲新能源汽车产业发展现状

亚洲新能源汽车产业发展较早，主要集中在中国、日本、韩国等汽车产业发达国家。早在1997年丰田就推出了全球首款普通混合动力汽车普锐斯，并随后在2001年销往全世界40多个国家和地区。2020年3月普锐斯全球销量突破300万辆，是迄今为止最畅销的普通混合动力汽车。2010年之后随着电力基础设施的加速普及，全球范围内的插电式电动汽车迅速发展，电力工业发达的中国抓住这一时机大力研发插电式电动汽车。2015年中国首次登上全球新能源汽车销量冠军宝座，此后又以绝对优势蝉联4年全球销量冠军，成为全世界最大的新能源汽车生产基地和销售市场。2019年亚洲新能源汽车销量超130万辆，占全球新能源汽车销量的近60%，为各大洲之首。全球新能源汽车企业销量前十名中亚洲独占7席，显示出强大的实力。亚洲是全球新能源汽车重要的生产基地和销售市场。

（二）亚洲新能源汽车产业发展特点

1. 产业链完备，动力电池产业高度发达

亚洲是唯一一个可以完全自行研发和生产新能源汽车的原材料、零部件甚至可以整车制造的地区，特别是核心零部件——动力电池领域的优势巨大。动力电池是新能源汽车的核心零部件，动力电池产业的发展水平往往决定了新能源汽车的整体发展水平；亚洲新能源整车发展水平较高的重要原因是动力电池产业高度发达，动力电池产量常年占全球动力电池总产量的99%以上。2020年全球动力电池装机量前十名企业全

部为亚洲厂商，占全球动力电池装机总量的99%，其中中国6家、韩国3家、日本1家。亚洲企业完全垄断了全球动力电池产业，显示出不可撼动的统治力，为亚洲新能源整车产业的发展提供了强有力的支持。

2. 新能源汽车产品种类齐全

亚洲新能源汽车产品种类是各大洲中最齐全的，涵盖了纯电动汽车、插电式混合动力汽车、普通混合动力汽车、氢燃料电池汽车等所有品类的车型。不同国家和地区制定不同的发展路线，生产销售适合自身特点的产品：中国主要研发和生产插电式电动汽车，包括纯电动汽车和混合动力汽车，同时发展氢燃料电池汽车，近年还在研发太阳能电池汽车，2020年中国插电式电动汽车以136.6万辆的销量位居世界第一；日本主要以普通混合动力汽车为主，辅助发展插电式电动汽车和氢燃料电池汽车，日本目前的普通混合动力汽车保有量超过750万辆，位居世界第一；韩国除发展纯电动汽车和插电式混合动力汽车之外，大力发展氢燃料电池汽车，2020年韩国氢燃料电池汽车销量达5823辆，跃居全球第一。

3. 乘用车和商用车同步发展

亚洲不仅新能源乘用车产业发达，商用车领域同样优势明显。中国新能源客车产销量常年位居全球第一，2019年共销售超过7万辆，占全球新能源汽车客车销量的95%以上，几乎垄断这一领域。全球最大的客车生产企业——中国宇通客车集团2019年新能源汽车销售近2.2万辆，约占全球新能源客车的近30%。此外，比亚迪、上汽大通、北汽福田、一汽解放、日野、现代等汽车企业在加速货车、卡车、清扫车等商用车型的纯电动化，已经推出相关的车型。

4. 地区间战略路线差异大，发展不平衡

亚洲幅员辽阔，东西距离最长超过1.8万km，南北距离超过1万

km，东西距离和南北距离均为各大洲最长，气候跨越寒带、温带、亚热带和热带，包括东亚、东南亚、南亚、中亚、北亚和西亚六大区域，种族、民族、宗教文化、经济发展水平等方面差异巨大，新能源汽车产业发展水平同样差异明显。亚洲新能源汽车生产主要集中在东亚的中国、日本和韩国，中日韩三国的新能源整车产量占全亚洲整车产量的99%，动力电池产量占全亚洲动力电池产量的100%，几乎垄断亚洲新能源汽车产业；但由于三国在多方面的差异，发展规模和路径不尽相同，中国的产业规模远大于日本和韩国。除了东亚地区，印度、阿联酋、新加坡、以色列等国也在新能源汽车推广普及方面积极发展，而伊朗、科威特、土库曼斯坦、哈萨克斯坦、沙特阿拉伯等国由于汽油价格低廉，燃油车使用成本优势明显，新能源汽车毫无优势，产业发展基本停滞不前，与中日韩等国形成鲜明对比。

（三）亚洲新能源汽车市场

1. 日本

日本是亚洲为数不多的高度发达的资本主义国家，2019 年人均 GDP 超过 4 万美元，人类发展指数极高，曾在 1991 和 1993 年两次夺得全球人类发展指数榜首，是亚洲截至 2021 年年底唯一一个获此殊荣的国家。日本工业和服务业高度发达，汽车、造船、家用电器、电子信息等是其传统优势产业，诞生了三菱、三井、软银、日立、索尼、松下等享誉全球的知名企业。日本的世界 500 强企业数量一直位居世界前列，1995 年其世界 500 强企业数量达到史上最多的 149 家，仅比榜首美国的 151 家少两家，占世界 500 强企业总数的近 30%，之后由于整体经济的萎靡不振，企业发展受到牵连，世界 500 强的企业数量开始逐年减少，到 2019 年日本的世界 500 强企业数量已经大幅度减少到 53 家，远低于中国和美国的超过 120 家企业。汽车产业一直是其支柱产业，日本在 1907 年就自主生产出本国的第一辆汽车“太古里1号”，距今已超过110年，是亚洲汽车工业发展时间最长的国家；拥有丰田、本田、日产、铃木、马自达等8家汽车公司，其中7家企业常年排在世界500强之列，丰田、本田和日产是规模最大的3家企业，常年排名全球整车企业前十。此外，日本的汽车零部件产业同样发达，拥有电装、爱信精机、普利司通等常年位居全球零部件企业前十的国际大型汽车零部件企业，在轮胎、变速箱、电子设备等领域占有重要地位。第二次世界大战中日本的工业设施遭到较为严重的破坏，但是汽车产业得以完整保留；之后经济快速复苏，尤其是汽车产业，需求旺盛，产业得到飞速发展。1980年日本汽车产量达到1104万辆，首次超过美国，成为全球最大的汽车生产国，此后这一位置保持14年之久；1990年的产量达到顶峰的1349万辆，产品远销全球各地，深受各国消费者喜爱，直到1994年才又被美国反超，但日本当时已经成为世界汽车强国，在全球汽车产业中占有重要地位；2006年汽车产量再次超过美国，位居全球第一。后来日本由于老龄化社会、金融风暴和技术发展缓慢等因素汽车产业衰落：2009年日本汽车产量首次被中国超过，之后生产规模开始萎缩并停滞不前；2020年汽车产量为806万辆，已连续数年不足千万辆，排名全球第三，与中国同年2522.5万辆的汽车产量相比差距巨大。日本汽车产业目前处于调整期。

日本的新能源汽车产业发展较早，1997年就推出第一款普通混合动力汽车——丰田普锐斯，此后本田也跟进研发普通混合动力汽车，并推出雅阁HEV、思域HEV等车型争夺市场，同时积极发展氢燃料电池汽车。但由于目前主流新能源汽车生产国均不认可不插电式普通混合动力汽车，各大销量统计机构都把此类车型排除在新能源汽车之外，归为节能型燃油车（本书采用相同的统计口径），使日本的新能源汽车销量在国际与国内的统计数据上差异巨大，而这一差异间接影响到了近年日本新能源汽车产业的发展。2013年日本新能源汽车销量为1.66万辆，仅次于美国，高居全球第二。之后一方面由于中国和欧洲的新能源汽车产业发展迅猛，另一方面由于本国市场有限，海外市场的汽车出口是其主要发展路线，而中国和欧洲国家均不认可日本的普通混合动力汽车，不给予任何补贴优惠政策，再加上日本新能源产品更新速度慢，销量增长放缓，所以被一众国家反超，排名逐年下滑。2019 年日本新能源汽车销量仅为 3.89 万辆，仅排名全球第十，与 2013 年相比仅增长不到两倍，而同时期的中国实现了 70 倍以上的增长。日本新能源汽车销量不仅远远落后于邻国中国的 130 多万辆，甚至不如挪威、荷兰等本土汽车产业基础薄弱的国家。日本在插电式电动汽车时代发展已经落伍和掉队。好在近年从政府到企业都开始重视插电式电动汽车领域的发展，日本政府计划在 2035 年全面禁售纯燃油车。

日本的新能源汽车产业发展路线和发展现状不同于其他任何国家，有着自身鲜明的特点：

（1）以普通混合动力汽车为主力发展车型

日本是目前全球唯一的普通混合动力汽车占据主导位置的主要新能源汽车产销国，这一方面源于日本特殊的城市通行政策。日本国土面积仅为 37.8 多万平方公里，但人口达到了 1.26 多亿，人口密度高达 346.9 人/平方公里，而日本大部分国土为山地和丘陵，适于人类居住的平原仅占不到 30%，因此人口集中在少数大城市，局部人口密度超高。政府为了管理人口如此密集的城市，在城区内征收高额的道路通行费，并严格限制车辆在市区内的车速，这种管理政策使日本大量的汽车并不在城市内被使用，而是被集中使用在山区和城市之间的联络公路上，油耗因此会大幅上升，但广大的山地不具备大型充电设施的建设条件，插电式电动汽车的发展存在客观障碍。另一方面是因为日本汽车公司先进的混合动力技术，特别是至今仍处于世界领先地位的丰田的阿特金森循环和本田 i-MMD 系统。日系普通混合动力汽车在全球范围内热销，仅丰田的普通混合动力汽车截至 2017 年年初的全球累计销量就已经突破 1000 万辆，而 2018 年年底日本国内的普通混合动力汽车保有量也已超过 750 万辆，

2019年销售的新车中35%左右为普通混合动力汽车,日本以绝对优势成为全球普通混合动力汽车销量和保有量最高的国家。

2010年之后,随着全球插电式电动汽车的技术突破和电力设施的快速普及,插电式电动汽车包括混合动力汽车、增程式电动汽车和纯电动汽车技术迅速发展。目前全球范围内仅有日本在坚持研发普通混合动力汽车,其他国家相继不承认日本的普通混合动力汽车,纷纷取消相关购车补贴和通行特权,使其普通混合动力汽车在海外市场的销量下滑明显;国内市场规模有限,加之日本在插电式电动汽车领域的明显技术劣势,新能源汽车的发展道路一度受阻。意识到这一问题的日本汽车企业在2010年开始转向插电式电动汽车领域。日产汽车公司早在2010年年底推出了日系首款纯电动汽车——聆风,该车一经推出便风靡全球,成为全球首款总销量突破40万辆的纯电动汽车。但随着比亚迪、特斯拉等公司推出性能更强和续航更长的纯电动汽车,日产聆风的竞争力直线下降,销量开始下滑;2015年销量被特斯拉 Model S 超越,之后被北汽、大众、雷诺、现代等品牌纯电动汽车先后超越。丰田也在积极投身插电领域,2012年推出普锐斯插电版,2019年4月丰田发布旗下首款纯电动汽车 C-HR EV,但市场反响一般,销量惨淡。2019年全球新能源车型销量排行榜前20位的企业中日本车企仅占3席,与其在燃油车领域的优异表现极不相称。此外,丰田和本田汽车还致力于氢燃料电池汽车领域,但由于价格昂贵、加氢站较少,销量同样惨淡。2020年日本氢燃料电池汽车仅售出761辆,占全球新能源汽车总销量的不到1/1000,但境内加氢站数量高达142座,仍然位居全球第一。日本在插电式电动汽车和氢燃料电池汽车领域还有很长的路要走。

(2)动力电池产业高度发达

日本不仅在新能源整车领域占有一定地位,还在动力电池领域占有重要地位。日本是全球最早生产动力电池的国家之一,2010年上市的日产聆风纯电动汽车的动力电池就是由日产旗下能源公司 AESC 提供的,

2012 年推出的特斯拉 Model S 纯电动汽车的电池是由日本松下公司提供的。得益于新能源汽车产业的快速发展，两家公司发展飞速，2014 年松下和 AESC 分别位居全球动力电池装机量第一名和第二名，此后的 2015 和 2016 年松下又蝉联两年全球动力电池装机量冠军。之后中国动力电池企业“宁德时代”异军突起，从 2017 年起超越松下连续四年占据榜首。但松下实力雄厚，此后仍然可以一直保持在行业前三的位置。除动力电池之外，日本汽车企业还涉足氢燃料电池的开发，其中丰田和本田的氢燃料电池汽车都采用了其自主研发的氢燃料电池；此外，松下、东芝也都在积极地研发氢燃料电池。目前氢燃料电池汽车销量过低，产业前景还不明朗，有待进一步发展。

（3）积极开拓海外市场

与中国、美国和欧洲国家相比，日本国内汽车市场相对较小，再加上使用习惯的差异，插电式电动汽车在本国的接受程度不高，于是日本汽车企业开始遵循燃油车的发展路线积极拓展海外市场。日产汽车敢为人先，其推出的日产聆风纯电动汽车早早就瞄准海外市场，特别是正处于快速发展的美国和欧洲市场。2010 年年底日产聆风在美国上市，2012 年年初丰田普锐斯 PHEV 在美国上市，两者都是采用整车进口的方式。两款车初期销售情况良好，但随后销量被本土的雪佛兰 Volt 远远甩在身后，于是日产率先开始改变。2012 年年底，日产美国工厂开始生产聆风，紧接着 2013 年英国工厂开始生产聆风，这两大市场的表现也给予了日产最大的回报：2013 年日产聆风拿到欧洲市场销量冠军和美国市场销量亚军；2014 年蝉联欧洲市场销量冠军并夺得美国市场销量冠军，首次夺得全球新能源汽车销量冠军；2015 年被强势崛起的特斯拉超越而屈居亚军；2016 年销量险胜特斯拉，再次摘得全球新能源汽车销量桂冠。之后由于更新换代慢和产品力下滑，日产聆风再没有拿过年度销量冠军，但仍然位居全球前十。丰田普锐斯曾在 2017 年的全球销量上超过日产聆风排名第三，但之后两年的销量和排名再次下滑。此外，三菱欧蓝德 PHEV

的销量也可圈可点。上述车型的海外销量要远高于本土，说明日本新能源汽车的海外战略行之有效。

(4)更加开放的新能源汽车发展战略

日本在燃油车时代是传统强国，在内燃机方面的技术优势明显，全球销量领先。2019 年全球汽车销量前十车型中日系占据五席，在本国市场汽车销量的 95% 以上为本土品牌，外资品牌占比很小。日本的燃油车产业高度发达的同时又相对封闭。进入新能源汽车时代，日本在插电式电动汽车方面的劣势开始突显，发展缓慢，优势不再。相关部门和生产企业开始重新审视自身存在的问题，以更加开放包容的姿态进入新能源汽车领域，汽车企业积极与行业龙头合作。2019 年 7 月丰田与全球最大的动力电池制造商——“宁德时代”在动力电池的稳定供给和发展进化领域建立全面合作伙伴关系，双方在电池新技术开发、电池回收再利用等多个领域开始进行广泛探讨。2019 年 11 月丰田又与比亚迪就合资成立纯电动车研发公司达成协议，2020 年 3 月双方共同出资的合资公司正式成立，共同研发新能源整车产品。日本政府也开始在新能源汽车领域放开进口市场，积极引入海外新能源汽车产品，目前在售的外资新能源乘用车包括特斯拉、宝马、奔驰、大众、沃尔沃等品牌。在商用车领域也同样积极引入外资品牌，2015 年年初，京都比亚迪 K9 纯电动客车开始上路运营，比亚迪成为日本引入的首家外资新能源商用车品牌。截至 2020 年年底，日本已经累计进口比亚迪汉纯电动客车超过 40 辆，占据日本 1/3 的纯电动客车市场，为实现日本政府提出的到 2050 年计划实现碳排放为零的“碳中和”目标作出贡献。

日本在新能源汽车发展过程中存在一些隐患。

(1)插电式电动汽车技术落后

日本主要汽车企业长期从事普通混合动力汽车的研发和生产，对插电式电动汽车有所忽视，企业相关负责人曾经在公共场合表示不涉足插电式电动汽车领域，马自达甚至曾经公开表示永不涉足新能源汽车领域。

新能源汽车发展初期仅有日产一家公司研发和生产插电式电动汽车，并在全球插电式电动汽车市场占有一定的市场份额；但之后由于自身技术的革新缓慢和竞争企业的突飞猛进，日产纯电动汽车销量排名一路下滑。日产聆风由2016年的全球新能源汽车销量冠军下滑到2020年的第7名，新能源汽车总销量由2016年的全球第4名下滑到2020年的第14名，已经跌出主流新能源汽车企业行列；而丰田、本田更是排在第15名开外，与其燃油车的地位极不相符。日本企业见此窘境之后痛定思痛，开始积极投身于插电式电动汽车的研发。丰田、本田都先后推出了各自旗下的插电式电动汽车。2019年丰田凭借插电式电动汽车销量的快速增长，跻身全球新能源汽车企业的前十；连之前声称专注内燃机、永不涉足新能源汽车领域的马自达也在2020年发布了旗下首款纯电动汽车MX-30。这些企业推出新车型标志着传统燃油车企业向新能源汽车领域转型的决心，但日本目前插电式电动汽车的总体技术水平和市场规模与中国、美国和德国相比存在较大差距，仍然有很长的路要走。

(2)新能源商用车发展劣势明显

日本的新能源汽车产业在2016年之后快速发展，近年取得长足进步，但其内部的发展出现了两极分化，新能源乘用车快速发展的同时商用车却几乎停滞不前。目前日本主要的商用车生产企业是丰田汽车和五十铃汽车，其中丰田旗下的日野汽车是日本最大的商用车制造商，未曾推出任何新能源汽车产品；另一家汽车公司五十铃是日本第二大商用车制造商，也是日本唯一的专业生产商用车的企业，其燃油商用车远销全球，业内口碑极佳，且近年主动投身新能源汽车领域。2019年五十铃推出首款纯电动汽车——EV100纯电动轻卡，市场反响良好，但由于是与中国庆铃合资公司生产的，目前还只在中国市场销售，尚未登陆日本本土市场。由于日本本土缺乏新能源商用车，《京都议定书》迫切的节能减排目标迫使政府不得不进口新能源商用车，特别是从邻近的中国进口新能源客车，这在其燃油车领域是从未有过的现象。日本在新能源商用车领域已经处于落后位置，今后仍需努力追赶其他国家。

2. 韩国

韩国是发达的资本主义国家，亚洲第四大经济体，2019 年人均 GDP 达 3.18 万美元，工业较为发达，电子芯片、家用电器、汽车是其支柱产业，三星、LG、SK、浦项制铁等大型工业企业闻名于世。2020 年韩国 14 家企业上榜世界 500 强，数量排名全球前列。汽车产业是其支柱产业之一，但韩国汽车产业规模不大、垄断程度较高，目前只有现代起亚汽车和双龙汽车这两家汽车企业，在全球汽车产业占比较低。

韩国新能源汽车产业起步较晚，早期追随日本发展普通混合动力汽车，但效果不甚理想。韩国政府从 2014 年开始推行绿色环保汽车计划，确定以发展纯电动汽车、插电式混合动力汽车以及氢能汽车为核心的推广计划。直到 2017 年，现代起亚汽车才推出首款新能源汽车——伊兰特 EV，但由于产品竞争力低，市场反响平平。近年，韩国企业开始积极研发纯电动汽车和氢燃料电池汽车。2019 年韩国新能源汽车销量为 3.19 万辆，排名全球前列。韩国企业在新能源汽车产业中探索出自身独特的发展道路：

（1）重点发展氢燃料电池汽车

韩国由于长期存在电力供应问题，纯电动汽车推广遇到阻碍，2018 年之后该国将发展重点转向氢燃料电池汽车。作为促进“氢经济”政策实施的一部分，政府已经投资了大约 3700 亿韩元（在当时约 2.9 亿欧元），还采取了六项额外措施来促进这些汽车的销售和相关技术的发展。这一系列政策效果显著，2019 年韩国氢燃料电池汽车全球销量首次突破 5000 辆，是 2018 年的 6 倍，跃居全球氢燃料电池汽车销量冠军，占当年韩国新能源汽车 3.19 万辆总销量的 15% 以上，氢燃料电池汽车销量和占比均为全球最高。2020 年韩国氢燃料电池汽车销量更进一步，达到 5823 辆，占全球氢燃料电池汽车总销量的近 65%，以绝对优势蝉联冠军。韩国氢燃料电池汽车保有量从2019年的5083台跃至10906台，实现翻倍，一举超越中国和美国成为世界第一。韩国在发展氢燃料电池整车的同时也在大力发展配套设施，截至2020年年底，共拥有60座加氢站。韩国氢燃料电池汽车的发展前景一片大好。

（2）动力电池产业高度发达

与中国和日本类似，韩国的动力电池产业同样高度发达，装机量常年位居全球前列。2020年韩国动力电池装机量占全球总装机量的30%以上，仅次于中国，位居第二；但与中国不同的是，韩国动力电池产业是脱离汽车企业发展的。目前3家主要动力电池企业LG化学、三星SDI和SK集团涉足电子、化工、能源、电器产业等，主营业务都与汽车无关，而这样的结构优势使他们可以根据新能源汽车企业对动力电池的要求来快速调整产品发展路线。外向型经济使其动力电池主要以出口为主，因此韩国的动力电池产业发展稳定。

韩国在新能源汽车产业发展过程中存在以下一些问题：

（1）本国市场规模小，发展空间受限

韩国人口5200万，不仅远少于中国和美国，还同样少于日本、德国、英国、法国等国家。这一现状是韩国目前经济发展的主要障碍，突出表现在工业产品的产量和销量的严重失衡。2019年韩国国内汽车产量为395.1万辆，排名全球第七，但国内汽车销量仅为179.5万辆，同比下降1.9%，本国汽车市场消化率不足50%。面对此种窘境，韩国汽车企业继续奉行韩国政府的“出口主导型”开放经济战略，积极拓展海外市场，寻找新的增长点。2019年韩国汽车出口额达到394亿美元，同比增长5.3%，创历史新高，其中新能源汽车销量同比增长1倍以上，出口额占出口总额的近10%，但与德国、日本新能源汽车的出口额相比仍然存在不小差距。国际政治经济形势复杂多变，各国汽车进出口政策瞬息万变，主打国际市场存在不小风险，同时国内日渐萎缩的汽车市场规模也会使韩国新能源汽车产业发展空间进一步受限。

(2)汽车行业高度垄断,阻碍产业发展

韩国曾经拥有4家汽车企业,分别是现代、起亚、大宇和双龙,后来由于各家企业的发展战略路线各异,发展轨迹逐渐出现分化。1998年大宇汽车收购双龙汽车,成为韩国第二大汽车生产企业。2000年现代汽车与起亚汽车正式合并,合并后的现代起亚集团成为当时韩国最大的汽车企业。同年11月,大宇汽车公司因经营不善、资不抵债宣告破产。2002年4月美国通用汽车公司收购大宇汽车,10月通用大宇汽车公司成立,成为通用汽车的子公司,子公司双龙汽车被出售。2004年中国上汽集团收购双龙汽车,后因双方经营理念和路线方面的分歧于2009年终止合作;受此影响,双龙汽车从此一蹶不振,2020年申请破产保护。现代起亚汽车在竞争对手停滞不前之时乘胜追击、快速发展,2010年之后在韩国国内的市场占有率保持在60%以上,超过其他所有竞争品牌销量之和;在2014年更是达到惊人的近80%,形成一家独大的局面。在全球范围内,现代起亚集团同样高歌猛进,2010年销量首次超越福特汽车,排名全球汽车销量第五;2012年现代起亚集团汽车销量首次突破700万辆,此后一直保持在全球汽车销量前五的位置。在2020年《财富》世界500强排行榜单中,现代起亚集团排名第84位,营业收入达到907.4亿美元,位列全球汽车企业第十。现代旗下的摩比斯公司同样是韩国最大的零部件供应商,常年位居全球汽车零部件企业前十。现代起亚集团已经垄断了韩国国内包括整车和零部件领域的汽车产业链。

现代起亚的巨大成功是新兴汽车企业通过自身努力进取实现超越的典范,但对于韩国汽车产业整体发展没有实质性帮助,加之韩国的汽车合资政策相对封闭,导致韩国目前的汽车产业是畸形发展的垄断市场。小企业主动放弃与行业龙头的竞争;领军企业优势过大、缺乏追赶者会逐渐失去紧迫感,导致自身的提升缓慢甚至停滞不前。反观德国、美国、日本和法国的汽车产业,各自有数家大企业互相竞争和牵制,使国内形成良性竞争的格局,而中国更是有十余家规模相近的汽车企业竞争,同时还引入外资企业进入中国,形成“鲇鱼效应”,共同竞争。得益于此,中国汽车产业特别是新能源汽车产业近年飞速发展。韩国目前氢燃料电池汽车领域居于全球领先地位,但中国、日本的相关企业紧追不舍,欧洲的德国、比利时也开始研发和生产相关车型,韩国的优势已经逐渐缩小;而韩国在插电式电动汽车领域表现一般,处于中等发展水平,与其他先进国家相比还有很大差距。政府和企业需要共同改变目前的市场竞争格局,使韩国新能源汽车产业良性健康发展。

3. 印度

印度汽车产业发展水平一般。2019 年印度汽车产量仅为 451.6 万辆,并出现了高达 12.2% 的负增长,但产量仍然十分可观;销量达到 381.7 万辆;产销量双双位居全球第五。印度目前主要的汽车企业有塔塔、马恒达等。印度近年空气污染严重,2018 年全球前 30 个空气污染最为严重的城市中有 22 个来自印度。政府希望通过发展绿色环保的新能源汽车来改善空气质量,并制定了相关的产业发展规划,计划在 2030 年全面禁售燃油车;但由于电力供应短缺问题依然存在,相关配套设施严重匮乏,印度的新能源汽车发展仍然缓慢。目前新能源汽车销量仅占汽车总销量的约 0.1%,三大因素严重制约新能源汽车产业发展:

(1)发展起步晚,技术水平落后

印度是传统农业国,农村人口占总人口的 68%。印度是世界上最大的粮食生产国之一,是全球最大的稻米出口国,拥有世界 10% 的可耕地,面积约 1.6 亿公顷。17 世纪之后印度成为英国的殖民地,18 世纪英国发起第一次工业革命,殖民者也将成果带到印度,在印度建立了较为完整的工业体系。1947 年独立之后,印度的本土工业开始迅速发展,钢铁、化工、机械、纺织、军工是其支柱产业,其中最大的钢铁企业——米塔尔钢铁公司是全球最大的钢铁企业,常年位居全球钢铁企业榜首。2006 年米塔尔和全球第二大钢铁企业——安赛乐公司正式合并,组成新的安赛乐米塔尔集团；合并后的集团营业收入超过了当时第二、三、四名的总和，是当之无愧的全球最大钢铁企业，企业地位无人撼动。但印度整体的工业实力一般，缺乏大型企业。2020年印度仅有7家世界500强企业，不仅远少于同为发展中国家的中国，甚至低于瑞士、荷兰、韩国等人口远少于印度的国家，与印度全球第五的GDP规模严重不符；工业企业只有5家。印度汽车产业起步较晚。由于汽车工业基础薄弱，印度政府在初期采取引进外资汽车企业在国内设立工厂的方式，此举确实取得了促使汽车产业发展的显著成效，但副作用也很明显：使印度汽车产业彻底沦为外资品牌的天下，日本、韩国的汽车品牌占据当地市场主流。90年代之后，印度政府痛定思痛，开始大力培育本土汽车企业，塔塔、马恒达等本土企业相继崛起，但始终无法将产业做大做强；于是，印度汽车企业采取收购国际知名企业的方式以便快速壮大。2008年3月，塔塔集团以23亿美元全资收购当时经营不善的捷豹路虎汽车公司，将这一全球知名的英国豪华汽车品牌招致旗下，震惊当年业界；此后，捷豹路虎在新东家的投入下发展逐渐步入正轨，销量快速提升，很快就扭亏为盈，而塔塔集团也依靠捷豹路虎壮大实力，目前稳定在世界500强行列当中。另一家印度汽车企业马恒达于2011年收购韩国双龙汽车公司，自身实力得到进一步提升。

印度本土汽车产业近年快速发展，但在新能源汽车领域却停滞不前，究其原因是严重缺乏相关的技术积累。与其他国家主要汽车企业的主营业务就是研发和生产汽车不同，印度的汽车企业专业性不强，如塔塔汽车只是塔塔集团旗下的分支业务，与钢铁、软件、化工等其他业务相比逊色不少，在2008年收购捷豹路虎之后才开始快速发展；而马恒达在早期只是生产农用拖拉机的公司，甚至不涉足汽车领域，后来才开始进入整车制造业，在2011年收购双龙汽车之后仍然发展缓慢。新能源汽车的技术原理显著区别于燃油车，即使是大众、通用、奔驰这样的汽车业巨头也历经了十余年的重新研发才步入正轨，而印度汽车零部件产业更加薄弱，几乎没有动力电池、电控系统、驱动电机等新能源汽车零部件企业，无法像德国、日本那样形成整车与零部件的完整产业链;印度的电子信息产业发展一般,无法像中国、美国那样形成智能网联汽车的完整产业链;印度目前发展新能源汽车困难重重。

(2)消费水平低,市场规模小

印度2019年汽车销量虽然将近400万辆,排名全球第五,但印度人口已经超过13亿,是世界人口第二大国;如此庞大的人口基数与汽车销量极不相符,原因在于印度人均收入较低,人均汽车保有量较低。2019年印度人均汽车保有量仅为每千人22辆,远低于美国、日本、德国等发达国家,甚至要低于同样是发展中国家的中国,印度是汽车销量超过100万辆的国家中人均汽车保有量最低的国家。印度较低的人均收入同时导致汽车的整体售价较低,销量排名前列的全部为铃木、现代、塔塔、马恒达等品牌旗下价格低廉的小型汽车。现阶段相同性能的新能源汽车的成本仍然略高于燃油车,低收入的印度消费者购买新能源汽车需要的花费更高,而印度政府直到2019年才开始实施新能源汽车补贴政策,金额仅为14亿美元,消费者可以获得的补贴十分有限,会严重降低新能源汽车的竞争力和吸引力,印度新能源汽车市场的前景不容乐观。

(3)电力设施严重匮乏,几乎没有保障体系

印度是发电大国,2019年全年发电量为1558.7TW·h,排名全球第三,但人均发电量仅为1177kW·h,还不到榜首中国人均发电量的1/4,不到美国人均发电量的1/10。更为严峻的是印度的电力供应状况。印度2018年人均用电量不足1100kW·h,不到全球平均水平的1/3。直到2019年,印度仍然存在严重的电力短缺问题,全国有超过1.6亿人无法用上电。充足的电力供应是推广新能源汽车的必备条件,印度连基本的电力供应问题都无法解决,就无法为新能源汽车提供任何保障体系,推广普及更是无从谈起。

印度目前新能源汽车的推广普及仍然是障碍和困难重重,但政府已经开始着手解决电力供应和配套设施的问题,新能源汽车补贴等扶持政

策已经开始实施，塔塔、马恒达等汽车企业也在加快研发新能源汽车产品，印度新能源汽车产业的未来可期。

4. **印度尼西亚**

印度尼西亚工业体系较为齐全，但发展水平一般。近年印度尼西亚工业快速发展，特别是汽车产业发展迅速。印度尼西亚目前有整车生产工厂 20 家，零部件企业 700 余家，但由于印度尼西亚目前没有本土整车企业，所以整车工厂全部为外资企业，其中日本汽车市场份额在 90% 以上，占据绝对统治地位。印度尼西亚政府也曾提出过振兴本土汽车产业的计划，但实施起来举步维艰。印度尼西亚汽车消费市场依靠庞大的人口规模同样发展迅速。2019 年印度尼西亚汽车销量达到 104.3 万辆，是东南亚规模最大的汽车市场；但由于人均收入仅为 4200 美元左右，消费能力有限，人均汽车保有量仅为每千人 87 辆，低于全球平均水平。由于本土汽车工业基础薄弱，印度尼西亚新能源汽车产业发展基本停滞不前，政府转而以推广新能源汽车为主要方向，特别是在营运车辆方面：2015 年 9 月比亚迪与雅加达省一家公交公司签署合作协议，获得其 150 辆纯电动大巴订单；2017 年内完成所有车辆交付和充电站的建设与调试；2019 年 4 月印度尼西亚最大的出租车运营商 Blue Bird 迎来首批 6 辆来自比亚迪的纯电动出租车，同年年底 Blue Bird 又与比亚迪签署合作协议，宣布采购 200 辆比亚迪 T3 电动汽车，开始加速纯电动汽车的推广；2019 年 8 月印度尼西亚政府正式出台新能源汽车产业的扶持和激励政策，包括降低汽车制造商机械和材料的进口关税、消费者的奢侈品税等以促进电动汽车的生产和消费。在新能源乘用车领域，目前丰田已在印度尼西亚推出插电式混动版凯美瑞和小型卡车 Alphard，起亚推出插电式混动版紧凑车 Rio，而丰田和现代也表示将在 2022 年开始生产纯电动汽车，印度尼西亚有望成为东南亚首个生产纯电动乘用车的国家。

5. 马来西亚

马来西亚是东盟创始国，境内经济作物和油气丰富，现为全球第二大棕榈油及相关制品生产国、第三大天然橡胶生产国和出口国、第五大液化天然气出口国。马来西亚工业发展水平一般，以原材料的初级加工业为主，但汽车产业是唯一的例外，发展水平远超其他领域。马来西亚早期的汽车工业基础薄弱，于是积极引进外资品牌，学习其先进的技术和经验，进而培育本土汽车产业。1983 年，马来西亚首家本土整车企业——DRB-HICOM——旗下的宝腾汽车公司成立，马来西亚由此成为东南亚首家拥有本土整车生产企业的国家。经过十多年的发展，宝腾已经成为国内乃至东南亚地区最大的本土汽车制造商。1993 年马来西亚本土第二家整车企业——北鹿大汽车公司成立，1996 年宝腾汽车全资收购英国著名跑车品牌路特斯，震惊当时业界。宝腾在向跨国大型汽车企业迈进，但之后的发展却事与愿违：由于经营不善，销量持续下滑。2008 年北鹿大在马来西亚汽车市场占有率首次超过宝腾，成为新的本土最大汽车企业，之后宝腾的占有率仍然持续下滑。2017 年 6 月 23 日吉利控股集团与 DRB-HICOM 集团签署最终协议，收购 DRB-HICOM 旗下宝腾汽车 49.9% 的股份以及旗下豪华跑车品牌路特斯 51% 的股份，至此宝腾和路特斯正式成为吉利控股集团旗下品牌，宝腾的发展又一次焕发新生。

马来西亚不仅拥有相对独立完善的本土汽车工业体系，还在全球汽车供应链扮演重要角色。马来西亚是全球半导体产品第七大出口国，超过 50 家半导体企业在当地设厂，封测产能约占全球封测产能的 13%。2021 年受新冠疫情影响，马来西亚芯片工厂被迫停工停产，进一步加剧了全球汽车芯片短缺的困境。马来西亚还是汽车产品消费强国。2019 年马来西亚人均汽车保有量高达每千人 433 辆，高居东南亚第二、全球第十二；2019 年马来西亚汽车销量达 60.43 万辆，仅次于印度尼西亚和泰国，是东南亚第三大汽车市场。不同于其他东南亚国家以外资品牌为主导的现状，马来西亚市场最畅销的汽车品牌为北鹿大，销量为 24.03 万辆,占据近40%的市场份额。而宝腾在被吉利控股集团收购之后,完整地保留原来的工厂和管理层,吉利凭借其成熟的整车制造技术和经验,导入博越和缤越两款SUV车型,在其基础上打造的本土化宝腾X70和X50一经上市便广受欢迎,宝腾的销量开始回升,2019年宝腾汽车在马来西亚的销量超过10万辆,市场份额达到16.6%。北鹿大和宝腾的市场份额合计达到56.4%,超过一半,马来西亚也成了东南亚唯一一个以本土品牌为主导的国家。马来西亚同样积极发展新能源汽车产业,但与印度尼西亚以推广普及为主的战略不同,马来西亚主要采用与外资企业合资生产新能源汽车的方式。2015年6月由比亚迪15台电动大巴组成的当时全球最大的纯电动BRT公交系统正式投入运营,这批纯电动大巴由比亚迪与GML客车合资建立的位于马来西亚柔佛州新山市的工厂生产。马来西亚的新能源乘用车产业未来可期。

6. **泰国**

泰国是全球最大的天然橡胶生产国和出口国,产量约占全球产量的1/3,还是全球第二大的稻米出口国、亚洲唯一的粮食净出口国、世界五大农产品出口国之一,农业在泰国国民经济中占有重要的地位;但同时工业在其国民经济中的比重日益扩大,制造业已成为占比最大的产业,且成为主要出口产业之一。泰国汽车产业一直是其优势产业:虽然没有本土汽车企业,但丰田、福特、奔驰、日产等国际大型汽车企业均在其境内设立工厂,汽车产量常年位居东南亚各国之首。2019年泰国汽车产量突破200万辆,泰国稳居东南亚最大汽车生产国的地位。泰国的汽车消费领域同样繁荣。泰国曾是东南亚最大的汽车市场,常年位居东南亚汽车销量榜首,直到2014年销量才被后来居上的印度尼西亚反超;2019年泰国汽车销量达到100.76万辆,稳居东南亚汽车市场第二。泰国由于没有本土企业产业,与印度尼西亚类似,在新能源汽车领域同样采用以营运车辆的推广普及为主的策略。2018年8月,首批101辆比亚迪e6纯电动汽车在首都曼谷交付,作为当地的出租车和网约车使用。此外,泰国合作方 Rizen Energy 公司还与比亚迪签署采购 1000 辆 e 6 纯电动汽车的合作协议,这是泰国迄今为止最大的一笔新能源汽车订单。2020 年,泰国政府开始出台相关的新能源汽车扶持政策:对汽车厂商一种以上电动汽车零部件(电池、发动机或者自控器)实施免征公司税;纯电动汽车最长可享受 10 年免税期,混合动力汽车享最长 6 年;新能源汽车购置税削减 10%—30%,并提供购车补贴;计划斥资 760 万泰铢用于建立 100 台充电桩。此外,外资品牌也开始在泰国布局新能源汽车产业:奔驰已开始在泰国中部省份北榄府制造基地研发新车,计划生产 C350 插电式混合动力汽车;宝马也开始在罗勇生产 330e 豪华轿车等插电式混合动力汽车。泰国正在向新能源汽车市场积极转型,新能源汽车产业的未来可期。

7. 以色列

以色列经济规模较小、产业门类不齐全,但其军工、电子、生物技术产业发达,在全球产业版图中占有重要地位。以色列是最早提出禁售燃油车的国家之一,早在 2018 年就提出在 2030 年全面禁售燃油车的计划,政府和企业都在积极推进新能源汽车产业的发展。以色列虽然没有整车制造企业,但有业界领先的零部件企业:成立于 2007 年的致力于开发电动汽车充(换)电相关技术及服务体系的 Better Place 公司先后与丹麦、澳大利亚、加拿大、日本等国政府以及雷诺、日产等国际汽车巨头展开合作,不过由于后期经营不善,于 2013 年破产;Mobileye 是全球领先的自动驾驶芯片制造商,先后与特斯拉、蔚来、威马等新能源汽车企业合作,2019 年被美国英特尔公司收购;还有超过 500 家汽车相关的初创企业蓬勃发展。以色列还积极推广新能源汽车,2017 年 8 月比亚迪纯电动客车已经在其第三大城市海法运营,上汽、三菱、奥迪、沃尔沃等品牌的新能源乘用车产品也得以在以色列销售。2019 年以色列新能源汽车销量突破 700 辆,开始成为亚洲新能源汽车产业新的重要增长点。

8. **阿联酋**

阿联酋的人口不到1000万,沙漠面积占其国土面积的47%,是世界上沙漠面积占国土面积比例最高的国家。阿联酋常年干燥少雨,自然条件恶劣,但国内石油资源丰富,加之毗邻波斯湾,石油出口一直位居全球前列,现为石油输出国组织(OPEC)成员国。20世纪90年代之前的经济以石油业为主,之后由于石油资源慢慢枯竭,阿联酋政府开始谋求转型。迪拜启动了以“城市营销”为核心,以旅游、会展为业态的发展计划。经过近20年的发展,迪拜已经成为全球知名的旅游城市。2010年阿联酋的非石油产业已经占到95%以上,旅游、航空、港口贸易已成为其支柱产业。阿联酋政府还积极发展新能源产业,2013年3月中旬耗资6亿美元建成世界上规模最大的集中式太阳能发电站——“太阳一号”,该发电站可为2万户家庭提供电力。在新能源汽车方面,阿联酋由于没有本土汽车产业,所以同样以推广为主。2016年7月迪拜发布新能源汽车发展战略,计划到2021年减少二氧化碳排放量16%。目前特斯拉在阿联酋有销售;阿联酋政府还采购了来自中国的爱康尼克纯电动MPV(多用途汽车)作为警车使用;此外,阿联酋还致力于推广新能源自动驾驶汽车,首款5级无人驾驶纯电动汽车将于2021年在迪拜上路。

9. **新加坡**

新加坡港是东南亚最大港口。新加坡金融、旅游、航运和服务业高度发达,是全球第四大金融中心。此外,石油化工业极其发达,是目前全球第三大炼油国;2019年人均GDP高达6.4万美元,为亚洲第二高。新加坡的国土面积小,基础设施完善,非常适合电动汽车的普及,近年新加坡政府也开始响应《巴黎协定》节能减排的倡议,制定新能源汽车发展规划。由于本国没有汽车制造业,新加坡政府将重点放在新能源汽车的推广方面,计划于2040年全国禁售燃油车;目前已有部分客车和出租车更换为比亚迪纯电动汽车,全国的汽车电动化在稳步推进中。

10. 卡塔尔

卡塔尔是全球最大的天然气出口国,得益于此,卡塔尔经济发展迅速。2019 年人均 GDP 高达 6.97 万美元,为亚洲国家最高,并跻身全球前十。卡塔尔财政收入充裕,为扩大国际影响力、吸引海外游客,近年政府积极承办大型体育赛事。卡塔尔曾经举办过 2006 年多哈亚运会、2011 年亚洲杯足球赛,还获得 2022 年第 22 届世界杯足球赛的举办权。为大力推广新能源汽车,2020 年 11 月卡塔尔与中国宇通集团签署协议,宇通将为 2022 年卡塔尔世界杯提供纯电动客车来担任运输工作。

五、欧洲新能源汽车产业发展分析

欧洲是第一次和第二次工业革命的发源地,同时也是现代汽车工业的发源地,全世界第一辆汽车便诞生于此,有德国、法国、英国、意大利等传统汽车工业强国,诞生了大众、奔驰、宝马、雷诺、标致雪铁龙、沃尔沃、菲亚特等全球知名的汽车企业。虽然美国、日本、中国等国家的汽车工业先后崛起,并迅速成为汽车工业强国,但欧洲依然稳步发展,在研发技术、汽车文化、市场成熟度等方面处于领先地位。欧洲汽车产业目前仍然是全球汽车产业的发展中心。

(一)欧洲新能源汽车产业发展现状

欧洲是全球第一辆电动汽车的诞生地,但之后新能源汽车的发展便陷入长达上百年时间的沉寂。欧洲现代新能源汽车产业起步较晚,早期仅有宝马和雷诺涉足。

2014 年之后美国和中国快速发展,在前期占领了新能源汽车的主要市场,但得益于欧洲主要国家的电动汽车补贴免税政策以及欧盟碳排放法规,近年欧洲汽车企业纷纷开始转型,投身新能源汽车产业,奋起直追,慢慢夺回市场份额。如图 10,2019 年欧洲新能源汽车共销售 55.86 万辆,占全球新能源汽车总销量的 25.28%,同比增长 36.9%,增长率远高于其他大洲,占本地区汽车总销量的 3.53%,相比 2018 年增加 1.07 个百分点,已经超过美国,成为仅次于中国的全球第二大新能源汽车市场。在中国和美国市场销量都下滑的情况下，欧洲几乎靠一己之力拉动全球新能源汽车市场的增长。2020 年在新冠疫情蔓延的严峻形势下，欧洲新能源汽车销量却逆势大增，达到 139. 5 万辆，同比大涨 149. 7%，自 2015 年以来首次超过中国，成为全球新能源汽车最大市场，令世界再次刮目相看。欧洲新能源汽车产业正在加速转型，欧洲正向新能源汽车产业的发达地区迈进。

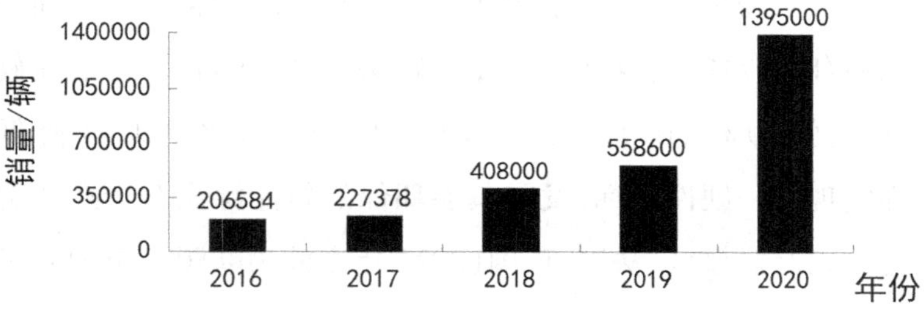

图 10 欧洲历年新能源汽车销量

（二）欧洲新能源汽车产业发展特点

1. 政策导向型市场促销量增长

欧洲联盟简称欧盟，诞生于 1993 年 11 月 1 日，其前身为欧洲共同体，总部设在比利时布鲁塞尔。欧盟目前有 27 个成员国，包括除英国和俄罗斯以外的欧洲主要发达国家，成员国数量占到欧洲国家总数的一半以上，人口约 5 亿，占欧洲总人口的 60% 左右。2018 年 GDP 总量为 18. 749 万亿美元，占当年欧洲 GDP 总量的 85% 以上，人均 GDP 高于欧洲人均 GDP。欧盟实行统一货币——欧元（部分国家没有实行），成员国之间往来相对自由，经贸联系紧密、文化交流频繁，经济、贸易、金融、文体等方面高度一体化。欧盟是欧洲最大的国家联盟，也是当今世界上经济实力最强、一体化程度最高的国家联合体，在全球范围内具有重要地位和影响力。

欧洲目前的新能源汽车市场主要以欧盟市场为主，一方面是因为主要的新能源汽车生产销售国位于欧盟，另一方面是因为欧盟新能源汽车的扶持政策。由于同期的中国和美国市场相对成熟，已经开始实施补贴退坡政策，对其之后的销量造成直接冲击，而欧洲的新能源汽车产业还处于发展初期阶段，各国对此类新兴产业的扶持力度较大，所以新能源汽车竞争力较大。欧盟早在2008年就制定了碳排放交易体系，在此阶段内排放总量以每年1.74%的速度下降，以确保2020年温室气体排放要比1990年低至少20%、2030年欧盟温室气体排放量比1990年降低至少55%。为实现这一硬性目标，发展节能环保的新能源汽车产业成为最有效途径之一，德国、挪威、法国、英国（2021年之前为欧盟成员国）、荷兰等国先后提出最早2025年、最晚2040年禁售燃油车的目标并积极制定本国的新能源汽车扶持政策，包括购车补贴、免购置税、车辆通行特权等；德国、法国领衔，补贴电动车6000欧元。进入2020年欧洲几大销量领先国家对新能源车加大补贴力度，其中德国明确2020—2025年补贴新能源汽车12亿欧元，并将单车补贴全面提高25%—50%；法国新能源汽车补贴总预算从2019年的2.6亿欧元提升至2022年的4亿欧元；瑞典纯电动汽车补贴2019年开始达到6万瑞典克朗；意大利也将总补贴预算由2019年的6000万欧元提高至2020—2021年的7000万欧元。在以德国、瑞典为代表的单车补贴提升和以法国、意大利为代表的补贴预算提升拉动下，欧洲新能源汽车产业2020年开始迎来补贴政策持续上行周期。欧盟目前已经形成较为完备的新能源汽车扶持政策体系，并且补贴力度不断加大。预计欧盟将长期坚持汽车电动化路线。

2. 纯电动汽车和混合动力汽车同步发展

2019年欧洲纯电动汽车销量为35.97万辆，占新能源汽车总销量的64.4%；插电式混合动力汽车销量为19.89万辆，占总销量的35.6%，占总销量的比重明显高于中国和美国。插电式混合动力汽车在欧洲新能源汽车市场占据不小份额,主要原因是欧洲的内燃机技术实力雄厚,使纯电动汽车相对于燃油车的优势并不明显。欧洲的柴油发动机技术在全球处于全球领先位置,柴油车销量占整个汽车销量的50%左右,占比位居各大洲之首并且远高于其他大洲,在此基础上欧洲汽车企业开始积极研发相关的新能源汽车产品。早在2011年3月,沃尔沃公司就发布了全球首款插电式柴油混合动力汽车——V60 PHEV,标致公司也在2019年6月发布了全球首款量产插电式混合动力柴油汽车——3008 HYbrid4。欧洲的混合动力汽车在可预见的未来还将持续与纯电动汽车共同发展。

3. 市场分散,多级均衡发展

欧洲新能源汽车市场显著区别于亚洲市场的中国一家独大和北美市场的美国高度垄断,而是多个国家齐头并进、同时快速发展,市场不是集中在某个国家,而是多点开花。2019年欧洲新能源汽车销量最多的国家是德国,而后依次是挪威、英国、荷兰、法国和瑞典;这6个国家分布在北欧、西欧和中欧地区,占欧洲新能源汽车总销量的近80%,全部进入2019年全球新能源汽车销量前十国家行列。欧洲主要国家在新能源汽车产业发展方面已经形成共同发展的良性道路,共同促进本大洲新能源汽车产业的整体发展。

(三)欧洲新能源汽车产业存在的问题

欧洲新能源汽车目前发展势头正劲,已经成为全球新能源汽车产业发展新的重要增长点,但在快速发展的同时不可避免地存在一些问题。

1. 动力电池产业几乎空白,毫无竞争力

欧洲新能源整车技术水平和产品质量经过近几年的快速发展,加上其自身强大的汽车制造经验,目前已经逐渐追赶上亚洲和北美洲,在全球新能源汽车整车的研发和制造方面处于先进水平。此外,欧洲顶尖的传统汽车零部件企业近年也纷纷开始为新能源汽车提供高水准和高质量的零部件产品,其中博世公司的 IPB 智能集成制动系统和采埃孚公司的纯电动汽车二挡变速箱已经开始应用在量产销售的新能源汽车产品上,零部件企业以及大众、宝马、标致等整车企业都可以自主生产驱动电机。欧洲新能源汽车企业不仅在整车制造方面发展迅速,在驱动电机和电控系统方面也占有一席之地,但同时也存在明显的短板:欧洲企业基本不涉足动力电池的研发和生产,产业发展一片空白、停滞不前,这使得其在动力电池产业方面毫无竞争力可言。目前全球动力电池产业完全掌握在亚洲的中日韩三国手中,欧洲新能源汽车全部需要采购来自这 3 个国家企业的动力电池,使整车企业毫无议价权,只能跟随动力电池企业,导致产品竞争力下降。由于动力电池产业链的上下游相对封闭,原始技术积累至关重要,所以欧洲新能源汽车企业的这一困境还将长期持续下去。

2. 新能源商用车市场滞后

欧洲新能源汽车市场快速增长,发展前景一片光明,但新能源乘用车占据其销量的 98% 以上,新能源商用车仅占不到 2% 的市场份额,仅有沃尔沃、VDL、索拉瑞斯、ADL(与比亚迪合资生产)、菲亚特(目前隶属于 FCA 集团)等少数企业推出纯电动商用车,且车型较少,仅有客车和卡车,而大众、宝马、标致、雷诺等传统燃油车企业均没有涉足这一领域。欧洲新能源商用车领域的发展不仅远远落后于亚洲和北美洲,甚至远落后于自身的燃油商用车,究其原因是商用车一般需要高于乘用车的大容量电池,欧洲地区没有动力电池生产商,无法为本土汽车企业提供大容量电池组,而亚洲的动力电池企业由于竞争关系无法为欧洲汽车企业供应此

类电池。目前欧洲除本土生产的新能源商用车之外，主要进口亚洲厂商生产的新能源商用车，集中在中国宇通、比亚迪的纯电动商用车和韩国现代起亚的氢燃料电池商用车：宇通和比亚迪纯电动客车已经在欧洲近20个国家和地区运营，占据欧洲纯电动客车40%左右的市场份额；2020年7月现代起亚汽车将世界首次量产的氢燃料电池重卡“XCIENT”装运出口瑞士，该车是首次交付欧洲地区的氢燃料电池商用车。从目前的发展趋势看，欧洲新能源商用车将长期处于发展劣势阶段。

3. 局部地区发展集中度高，区域发展不平衡

欧洲新能源汽车产业总体发展态势良好，大部分国家已经开始销售和推广新能源汽车，但同时欧洲的新能源汽车区域发展不平衡的问题同样比较突出。2019年欧盟国家新能源汽车销量占整个欧洲销量的将近90%，同比增幅普遍在30%以上，其中德国、挪威、英国、荷兰、法国、瑞典这六大市场占欧洲新能源汽车销量的近80%，并且全部集中在欧洲的北部、中部和西部地区；欧洲南部的两大主要发达国家——意大利和西班牙的新能源汽车销量却大大低于上述国家，发展明显滞后；而以俄罗斯为代表的东欧地区的新能源汽车产业发展严重落后。俄罗斯人口1.46亿，为欧洲人口最多的国家。俄罗斯在进入21世纪之后，依靠能源产业使其经济迅速回升。2009年6月俄罗斯倡导并联合中国、巴西、印度等新兴国家成立“金砖四国”（BRIC），旨在加强彼此间合作，共同谋求发展，之后俄罗斯经济持续快速发展。至2019年，俄罗斯GDP总量为1.61万亿美元，排在欧洲第五位，当年汽车总销量为176万辆，排在欧洲第六位。俄罗斯无论是经济发展还是汽车销量都排在欧洲前列；但由于苏联时代偏重工业的经济政策，俄罗斯汽车工业基础薄弱，发展水平较低；同时由于地缘政治、意识形态方面的分歧，俄罗斯至今都不是欧盟成员国，无法享受欧盟国家新能源汽车产业的扶持政策；再加上不适合新能源汽车推广的寒冷气候，俄罗斯的新能源汽车产业几乎停滞不前。2019年，俄罗斯

新能源汽车销量不足百辆,在汽车总销量的占比基本可以忽略不计。除俄罗斯之外,白俄罗斯等国同样存在类似问题,新能源汽车产业发展举步维艰。照此趋势发展,欧洲新能源汽车产业地区间发展不平衡态势将持续加剧,两极分化日趋明显。

(四)欧洲新能源汽车市场

2019 年欧洲部分国家新能源汽车销量排名见图 11。

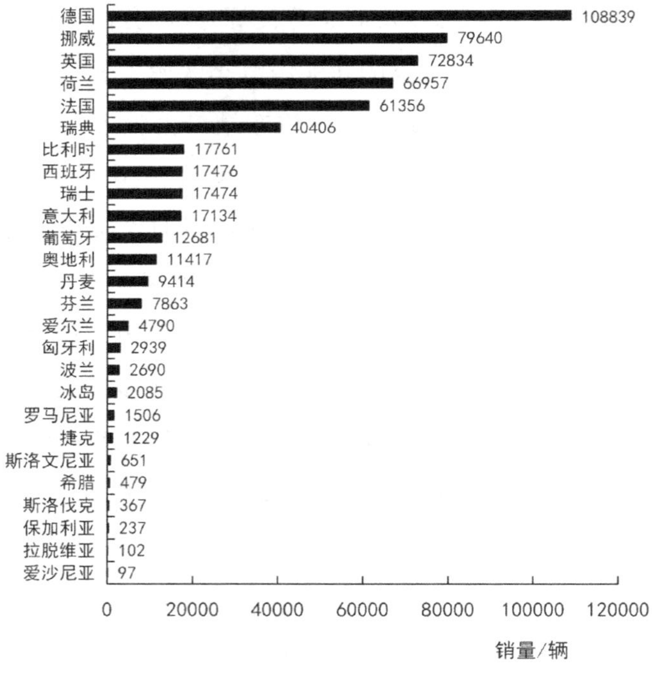

图 11　2019 年欧洲部分国家新能源汽车销量排名

1. 德国

德国汽车工业极其发达,是汽车工业的发源地。1886 年 1 月 29 日德国工程师卡尔·弗里德利希·本茨(下文简称卡尔·本茨)成功研制出单缸汽油发动机,发明了第一辆不用马拉的三轮车,全世界公认的第一辆能实际应用的、由内燃机发动的汽车由此诞生在德国曼海姆。同年另一位德国工程师戈特利布·戴姆勒(下文简称戴姆勒)成功研制出全球首辆四轮汽车。1887年卡尔·本茨在曼海姆成立了由自己名字命名的全世界第一家汽车制造公司——奔驰汽车公司,1890年戴姆勒也创办了由自己名字命名的戴姆勒汽车公司,之后的30多年中这两家公司一直引领着德国乃至全球汽车工业的发展。1916年宝马汽车公司在德国慕尼黑成立,其产品以兼顾豪华舒适感和极致操控感而著称,很快风靡全球。1926年6月奔驰发动机公司和戴姆勒机动车公司合并组成戴姆勒—奔驰汽车公司。经过数十年的发展,戴姆勒—奔驰已经成为享誉全球的豪华汽车制造商,其外观和内饰设计一直是汽车工业设计的风向标。1931年保时捷汽车公司成立于斯图加特,后发展成为全球知名的豪华汽车品牌,2012年被大众集团收购。1938年大众汽车公司在德国沃尔夫斯堡成立,以生产经济实用、价格低廉的民用汽车为主,这一策略使其产品迅速占领普通消费市场;经过数十年的发展,大众集团通过自身发展和频繁并购早已成为欧洲最大的汽车制造商,旗下拥有大众、斯柯达、奥迪、兰博基尼、保时捷、布加迪、宾利等品牌,涵盖了从普通家用车到豪华汽车再到超级跑车的众多车型。1939年9月德国发动第二次世界大战,战败后汽车产业却得以完整保留,之后德国通过"马歇尔计划"使经济快速恢复并迅速崛起,重现汽车产业往日辉煌。目前德国已经形成大众、奔驰、宝马三足鼎立的汽车产业格局,此外还有欧宝、曼恩等著名汽车企业。除了整车制造,德国的汽车零部件产业也处于全球领先地位,博世、采埃孚、大陆等业内知名的汽车零部件企业汇聚于此,德国汽车零部件产业位居世界最前列。

德国汽车工业已经有将近140年的历史,是全球汽车工业发展最悠久的国家。尽管先后有美国、法国、日本、中国等国家汽车工业的崛起,德国的汽车工业实力仍然经久不衰。大众集团在2016—2019年以年均

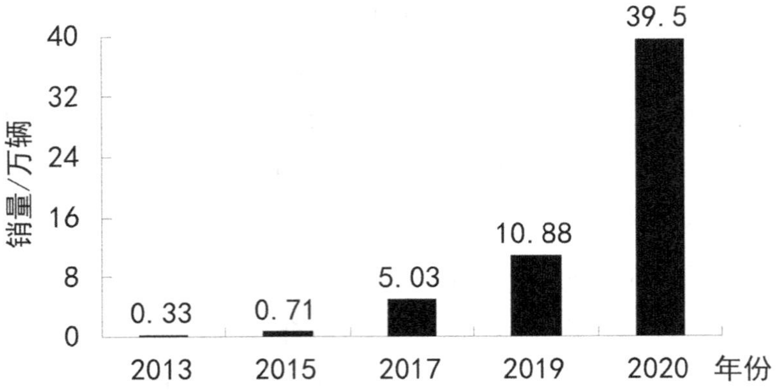

图12　德国历年新能源汽车销量

1000万辆左右的销量连续4年汽车销量位居全球第一，而戴姆勒—奔驰公司同样在2016—2019年以年均230万辆左右的销量连续4年成为全球豪华品牌汽车销量冠军。德国无论在普通经济型汽车领域还是高端豪华型汽车领域内都处于世界领先地位。2010年之后，随着新能源汽车产业的快速发展和产品的加速普及，汽车工业开始经历自诞生以来前所未有的深刻变化，出现了全新的内部结构、电控技术、动力电池还有颠覆性的外观，产业内部的发展开始重新洗牌。技术优势明显的中国新能源汽车企业强势崛起，迅速占领市场，传统汽车强国由于主要精力和资金集中在燃油车方面，新能源汽车的研发和生产明显处于劣势，特别是德国在早期的新能源汽车产业发展十分缓慢，远远落后于中国和美国，新能源汽车销量甚至不如同在欧洲的挪威、法国、英国等国。2016年之后德国企业开始痛定思痛，向新能源汽车领域积极转型，加上政府对产业的大力扶持，新能源汽车产业实现了飞跃式发展，如图12。2017年的新能源汽车销量同比增长1倍以上；2019年德国新能源汽车实现10.88万辆的销量跃居欧洲第一，是欧洲唯一一个销量超过10万辆的国家，仅次于中国和美国，位居全球第三。在当年全球新能源车企销量前十名中，大众和宝马分列第五和第六名，是前十名中仅存的德国汽车企业，同时也是仅存的欧洲汽车企业。2020年德国新能源汽车市场迎来爆发式增长,全年销量达到历史新高的39.5万辆,几乎是2019年的4倍,丝毫不受新冠疫情的影响,首次超越美国,跃居全球新能源汽车销量亚军,大众、奔驰、宝马全部进入销量前十,其中大众更是拿下全球新能源汽车销量亚军。德国目前已经成为欧洲新能源汽车产业发展的中心,处于全球新能源汽车产业的前列。

德国的新能源汽车产业发展路线和发展现状不同于其他国家,有着自身特点。

(1)市场规模和技术质量同步增长

德国新能源汽车市场在2016年之前发展十分缓慢,销量不如英国、法国、挪威等国家,并且技术水平和产品质量同样落后于中国、美国、法国等国家。2016年之后德国政府发布相关的新能源汽车发展规划,制定了2020年达到100万辆以及2030年达到600万辆新能源汽车上路使用的目标,并计划于2040年全面禁售燃油车,为此政府推出一系列新能源汽车购买和推广的扶持政策,包括给予购车补贴、免车辆购置税、享有优先通行权、强制政府部门采购新能源汽车等政策,大众、奔驰、宝马等汽车企业纷纷积极响应。2017年德国新能源汽车销量超过5万辆,相比2016年同比增长了1倍以上,排名迅速上升到欧洲第二位;2019年德国新能源汽车销量首次突破10万辆,达到10.88万辆,同比增长超过60%,成为欧洲首个新能源汽车销量超过10万辆的国家,并一举超过此前连续3年的欧洲新能源汽车销量冠军挪威,成为新的欧洲市场销量冠军;2020年德国新能源汽车市场迎来爆发式增长,全年销量达到历史新高的39.5万辆,几乎是2019年的近3倍,丝毫不受新冠疫情的影响,首次超越美国,跃居全球新能源汽车销量亚军。

德国在新能源汽车产业的快速发展成绩斐然、有目共睹,这背后是其雄厚的汽车工业基础作支撑,是一种符合产品开发规律和市场经济规模的健康的发展模式。首先,德国政府在补贴的审查方面严格把关,根据产品的特性来确定相应的补贴金额，完全按照产品的客观标准来发放购车补贴和免税额，之后定期进行复查，确保新能源汽车补贴政策；在德国近年的新能源汽车产业发展过程中鲜有违规事件发生。其次，德国汽车企业积极向新能源汽车领域转型，潜心向先进国家学习，同时坚持以技术为本进行研发和创新，取得了不俗的成果：大众的插电式混合动力汽车率先实现了 TSI 发动机与电动化 DSG 变速箱的高度匹配，兼具强劲性能、高效节能和驾驶舒适性；保时捷推出全球首款 800V 高压充电系统，充电功率最大可以达到 350kW，大幅度缩短充电时间；博世推出 IPB 智能集成制动系统，能有效提高能量回收的效率，并已开始在一些纯电动车型上运用；采埃孚推出全球首款纯电动汽车二挡变速箱，并已经在相关车型上应用；大陆集团成功研制出全球领先的 48V 大功率驱动系统，其峰值功率达到 30kW，预计未来会量产并陆续在混合动力领域投入使用。德国的新能源汽车技术和市场规模同步发展，保证了其新能源汽车产业整体健康、规范和有序的发展态势。

（2）整车和零部件企业深度紧密合作

德国不仅在整车制造业处于世界领先地位，在汽车零部件产业更是处于全球领导地位。2019 年全球汽车零部件企业营业收入 100 强中德国有多达 20 家企业入围，占百强企业数量的 1/5；德国不仅在企业数量上占优，规模和质量方面同样占优，前十名中德国企业占据 3 席，其中博世、大陆、采埃孚分列第一、第二和第四位，全部进入前五名，并且包揽冠亚军，其领军企业博世集团已经连续 9 年排名全球第一，显示出不可撼动的行业统治力。此外，德国还有马勒、巴斯夫、舍弗勒、英飞凌等享誉业界的汽车零部件企业，在轮胎、变速箱、底盘悬架、安全系统、电气设备、车载芯片等方面优势明显，在 ESP（车身电子稳定系统）、制动系统等方面甚至形成垄断，其他企业完全无法与其竞争；德国在汽车零部件产业的统治地位短期内无法被超越。

德国汽车整车和零部件产业双双处于全球领先地位，这一独特优势使双方在汽车制造供应链方面的联系异常紧密，整车企业和零部件企业常年保持着深度的合作关系。进入新能源汽车时代后，燃油车时代打下的坚实合作基础使双方继续延续这一优势，在新能源汽车领域开展合作：博世与戴姆勒—奔驰正在合作纯电动自动驾驶汽车，以加快新能源汽车智能化和自动化的发展；采埃孚与戴姆勒—奔驰和保时捷在新能源汽车领域达成合作；奔驰 EQC 纯电动 SUV 已经采用采埃孚为其生产的驱动电机，同时采埃孚推出的全球首款纯电动汽车二挡变速箱已经装备在保时捷 Taycan 纯电动跑车上；大陆集团与大众、奔驰和宝马 3 家德国主要汽车企业在新能源汽车领域展开合作，为他们提供车载智能设备终端，促进智能汽车的发展。德国整车企业和零部件企业在新能源汽车领域的良性和健康的合作关系将进一步促进其新能源汽车的整体发展。

(3)积极开展国际产业合作

德国新能源汽车产业发展起步较晚，于是汽车企业一方面苦练内功，提升自身的研发水平，另一方面积极开展与先进国家的合作，以此学习新能源汽车的先进技术。德国是较早进行新能源汽车产业国际合作的国家，尤其与中国新能源汽车企业的合作最为频繁和紧密。早在 2010 年 3 月戴姆勒—奔驰就与当时全球新能源汽车领先企业比亚迪合作并合资成立纯电动汽车品牌——腾势，并在合作过程中受益匪浅，相关的技术水平快速提升。2019 年 4 月戴姆勒—奔驰发布旗下首款新能源汽车——奔驰 EQC 纯电动 SUV，其多项核心技术借鉴比亚迪和腾势。此外，戴姆勒—奔驰在 2020 年 1 月与吉利汽车宣布合作并成立 smart 公司品牌合资公司，计划研发和生产 smart 纯电动汽车。2018 年 2 月宝马汽车与长城汽车宣布合作并成立合资公司，主要研发和生产宝马品牌的新能源汽车产品。2020 年 6 月大众汽车与江淮汽车宣布合作，大众汽车获得江淮汽车集团控股有限公司 50% 股权，共同研发和生产新能源汽车。除了整车企业，德国汽车零部件企业同样积极与中国新能源汽车企业合作：博世和大陆为比亚迪的旗舰纯电动轿车——比亚迪汉——搭载了定制的 IPB 智能集成制动系统和高性能轮胎，进一步提升其加速操控性能和续航里程；采埃孚和卧龙电气合作，将奔驰 EQC 的驱动电机交予卧龙电气生产。德国新能源汽车企业在国际合作中学习到了先进的新能源汽车技术和生产经验，为后来的快速发展打下良好根基。

德国新能源汽车产业目前发展势头强劲，已经成为欧洲新能源汽车产业发展新的发展中心，但在快速发展的同时存在一些问题：

（1）新能源商用车发展劣势明显

商用车制造是德国汽车产业的传统优势领域，在燃油车主导时代德国的商用车产品口碑极佳、享有盛名。戴姆勒—奔驰曾经是全球最大的商用车制造企业，其生产的客车、货车、卡车、牵引车等车型远销全球，后来其销量被中国一汽集团和福田汽车超越，但目前仍为全球第三大商用车制造企业；此外，曼恩、大众等商业车品牌销量都可圈可点。但进入新能源汽车时代之后，德国的新能源商用车领域发展异常缓慢，几乎停滞不前，主要商用车企业迟迟没有量产相关的新能源商用车产品，直到 2018 年戴姆勒—奔驰才推出旗下首款纯电动客车 eCitaro，市场份额极低；反观欧洲其他国家，英国 ADL、瑞典沃尔沃、荷兰 VDL、西班牙伊利萨尔、波兰索拉瑞斯、比利时范胡尔等企业生产的新能源客车产品已经在欧洲各国运营数年，占据了欧洲新能源客车的主要市场份额；而中国宇通、比亚迪、中通等客车企业的纯电动客车产品更是已经多年占据全球新能源客车 95% 以上的市场份额；德国甚至要靠进口中国、比利时等其他国家的新能源客车来实现推动公交车燃料替代计划。德国在新能源商用车领域还有很长的路要走。

（2）汽车智能网联发展落后

新能源汽车由于结构简单、电子设备较多，所以十分适合智能化和自动化。中国和美国的新能源汽车企业借助本国在互联网产业的强大优势，与全球最先进的顶尖互联网企业进行深度合作，开发自动驾驶、人工智能和远程网联汽车，并取得了阶段性成功，部分成果已经大规模应用于量产车型上。德国是最早提出"工业4.0"物联信息系统并实施的国家，但由于其互联网产业发展水平一般，缺乏全球领先的互联网企业提供技术支持，发展现状堪忧，相比中国的数字化转型战略和美国的工业互联网战略明显落后，但德国汽车产业又是"工业4.0"的主攻领域，承担着本国在信息时代来临之后的工业复兴重任。目前德国汽车企业在积极进行智能汽车方向的研发：宝马公司是最早推进汽车智能网联化的企业，其燃油车已经实现远程网联和部分自动驾驶功能，此后在2018年7月又与百度达成战略合作，加入Apollo自动驾驶平台；2018年10月华为与奥迪宣布在智能网联汽车领域合作，共同开发4级自动驾驶技术；2018年7月戴姆勒—奔驰与清华大学宣布合作，重点扩展在自动驾驶和智能交通领域的研究。除了整车汽车，汽车零部件企业同样在向智能网联汽车转型：2020年1月博世集团智能网联事业部正式成立，标志着其正式向智能网联领域进军；大陆集团在积极开发车载智能设备终端，并预计应用在相关新能源车型上。德国虽然目前在智能网联汽车领域发展水平不高，但前景可期。

(3)配套设施不足和过剩现象并存

除汽车产品本身之外，相关的配套设施完善程度也对新能源汽车产业发展起到了至关重要的作用。充电桩是目前最主要的新能源汽车配套设施，当充电桩的总数量和分布密度达到一定程度后，新能源汽车的数量会相应地快速增长，而充电桩会继续增加来满足新增新能源汽车的需求。截至2019年年底，德国各类公共充电桩总数量为4.02万台，不仅远低于中国的近60万台，甚至不如北京一座城市，同时要少于欧洲邻国荷兰。德国不仅充电桩数量较少，还存在充电桩短缺的问题。2019年德国的车桩比大概为7∶1，而在2016年德国的车桩比还在2∶1左右。充电桩的增长速度远远低于新能源汽车的增长速度，无法满足新能源汽车车主的充电需求，这种状况还将长期存在。

德国充电设施建设存在充电桩数量严重滞后于新能源汽车增长数量

的问题,但另一方面氢燃料电池汽车的配套设施却出现了供给过剩的情况。德国在氢燃料电池汽车领域发展缓慢,直到 2020 年 9 月戴姆勒—奔驰才发布首款氢燃料电池卡车,而且至今没有量产上市。德国目前在氢燃料电池汽车领域基本上是空白。截至 2019 年上半年,德国注册的氢燃料电池汽车仅为 386 辆,远低于中国、美国、日本、韩国,且全部为进口汽车,占新能源汽车保有量的不到1/1000;但相关加氢站却飞速增长,截至 2020 年年底,德国境内的加氢站竟然高达 100 座,数量高居欧洲第一,仅次于氢燃料电池汽车产业发达的日本,排名全球第二。氢燃料电池汽车和加氢站的比例严重失衡,加氢站出现过剩和闲置的情况,近 1/3 的加氢站自建成之后从未被使用过,是对公共设施资源的巨大浪费。

(4)高电价阻碍新能源汽车推广

德国的新能源汽车制造业目前无论在技术还是市场规模方面都已经进入全球先进行列,发展态势良好,但在推广方面存在问题。目前纯电动汽车和混合动力汽车这两大类新能源车型都需要电能作为其主要动力源,电价成为控制用车成本、发挥新能源汽车优势的关键因素;然而由于退煤计划以及碳交易价格的上涨,德国电价常年居高不下。2019 年德国平均电价为 0.395 美元/(千瓦·时),为全球最高,并且远高于中国、美国的0.107 美元/(千瓦·时)和0.07 美元/(千瓦·时),是中国的3.7 倍和美国的5.6 倍;这一现状使德国新能源汽车的用车成本劣势突显,但短期内其电价仍然会处于较高区间,这也是德国新能源汽车推广的主要障碍。

(5)地方保护主义严重,限制良性竞争

德国新能源汽车市场与其燃油车市场类似,但由于其新能源汽车产业起步晚,所以还无法达到德国本土品牌在燃油车市场近 80% 的市场占有率。德国本土新能源汽车品牌的市场占有率达到近 70%,本土品牌占据主导,其中大众的市场占有率最高,占比将近 1/4。在发展初期,德国对自主和外资新能源乘用车实行无差别补贴,根据车身尺寸、电池容量等参数确定补贴金额，最高补贴 6000 欧元，这对于售价普遍在 2 万—4 万欧元的新能源汽车来说补贴力度较大，极大地刺激了新能源汽车的消费，同时吸引了全球各国的新能源汽车厂商前来争夺市场。目前德国新能源汽车的外资品牌主要有雷诺、特斯拉、现代、沃尔沃等，它们与本土品牌共同繁荣新能源汽车市场。

特斯拉是较早进入德国的新能源汽车品牌，早在 2013 年就进入德国市场。2015 年特斯拉在德国售出近 1500 辆 Model S 纯电动轿车，在当年的新能源汽车市场占有率超过 20%，而奔驰和宝马当时甚至没有纯电动豪华汽车的发展规划，Model S 是德国市场唯一在售的纯电动豪华汽车。于是，德国政府在 2016 年 4 月出台了新的新能源汽车补贴政策，售价 6 万欧元以内的电动汽车可以拿到补贴；Model S 在德国的起售价就达到了 8 万欧元，成为唯一一款不在补贴名单之列的纯电动汽车。为此特斯拉跟德国政府多次交涉，甚至在 2018 年 7 月起诉德国政府，但 Model S 截至 2021 年年底仍然无法拿到电动汽车补贴；不过这一不利政策对特斯拉并没有造成实质影响。2019 年 2 月特斯拉新推出的紧凑型轿车 Model 3 在德国市场开始销售，由于售价低于 6 万欧元，Model 3 顺利拿到电动汽车补贴，一经推出立即大受欢迎。2019 年特斯拉在德国市场共售出 10711 辆纯电动汽车，成为德国纯电动汽车销量冠军。此外，特斯拉还计划在德国建立整车工厂，但一直受到德国包括政府、企业、社团等各方面的阻挠，建设进度缓慢，投产一再延期。

德国在积极推进新能源汽车产业国际合作的同时，却在本国市场实行严重的地方保护主义，这种“双标”做法令人大跌眼镜；而中国政府却积极引进特斯拉工厂落地，通过引入外资品牌特斯拉为本土品牌施加竞争压力，形成“鲇鱼效应”，促进本国新能源汽车更加努力提高自身硬实力，最终提高产品竞争力。只有开放的政策才能形成良性的产业发展态势。

2. 挪威

挪威重工业基础薄弱，本国轻工业主要以绿色环保的海洋产业为主；作为西欧最大的石油生产国，近年石油产量却逐渐下降。虽然是石油生产大国，但挪威本国汽柴油价格极高，常年位居全球最前列。挪威水电资源丰富，水力发电量占全国发电量的比例超过97%。其余部分为地热能、风能和极少量的化石能源，都是优质的可再生能源资源。挪威是《京都议定书》的签约国之一，投身环保事业已有近30年的时间，并提出到2030年使温室气体排放量较1990年减少40%，力争2050年成为低排放社会，减少国内市场对于石油消费的依赖、提高新能源发电利用率、建立节能环保的宜居环境；这三大目标共同促使挪威政府在20世纪90年代就开始促进零排放汽车的发展，并持续采取诸多的激励措施。2010年之后全球新能源汽车产业发展进入快车道，挪威顺势成为先驱国家，新能源汽车销量一直排在全球前列。如图13，2016年挪威新能源汽车销量一举突破4万辆，同比增长达到惊人的9倍以上，超过传统汽车强国法国，跃居欧洲新能源汽车销量冠军和全球第三，全球排名仅次于中国和美国；此后的2017和2018年又蝉联了欧洲新能源汽车销量冠军；2019年销量被欧洲汽车工业最强的德国超越，但仍然保持在欧洲第二、全球第四的位置，排名虽然不及之前，但仍然取得了7.96万辆的销售成绩，而且新能源汽车销量在汽车总销量的占比遥遥领先，常年保持在60%左右，远超其他国家；2020年挪威新能源汽车销量占汽车总销量的比重达到了史无前例的74.8%，再次刷新纪录，其中纯电动汽车占比达54.3%，挪威也成为全球首个纯电动汽车销量超过燃油车的国家。此外，挪威是全球新能源汽车销量前十中人口最少的国家，人均电动汽车保有量同样遥遥领先，达到了每万人148辆电动汽车，远超其他国家。2021年9月挪威新能源汽车销量在汽车总销量的占比再创新高，达到惊人的91.5%，预计到2022年年底可提前实现禁售燃油车的目标，成为全球首个完全禁售燃油车的国家。挪威在新能源汽车的推广普及方面取得了举世瞩目的成就，是其他国家借鉴学习的典范。

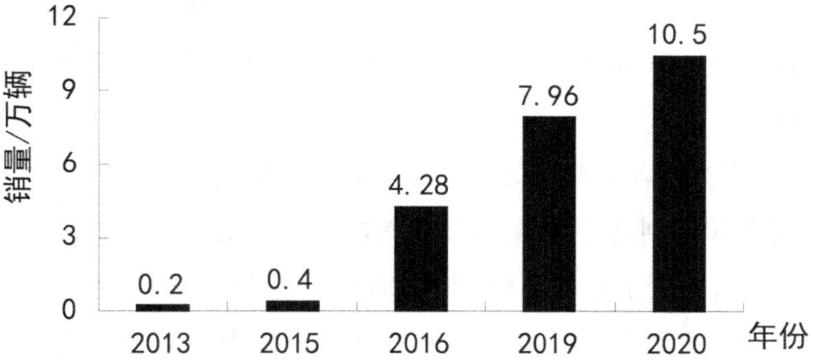

图 13 挪威历年新能源汽车销量

(1)新能源汽车产业扶持政策力度空前

挪威新能源汽车推广普及的优异表现主要是因为政府对新能源汽车的史无前例的超大力度扶持政策。相比于其他国家相继推出的相关政策，挪威的政策一直有其自身的独特性。挪威由于诸多复杂原因没有加入欧盟，非欧盟成员国的身份使其无法共享欧盟的发展战略和扶持政策，但同时也使其可以不受欧盟限制，独立自主制定适合自身发展现状的战略和政策。挪威是全球提出禁售燃油车时间最早的国家，政府计划在2025 年全面禁售燃油车。在新能源汽车推广方面，挪威政府提供了空前力度的扶持政策，包括无购买或进口税、免费市政停车场、公司购置汽车税减免 50%、新车购置免征 25% 增值税、可使用公交专用车道、汽车租赁免征 25% 增值税等，涵盖了货币补贴、税款减免、优先通行 3 个方面，全方位地鼓励消费者购买新能源汽车。此外，政府将更多的资金投入充电设施的建筑中：截至 2020 年年底，挪威拥有公共充电桩近 1.6 万台，约占欧洲充电桩总数的 9%，高速公路达到每百公里超过 1500 个充电桩的超高密度；全国所有公共充电桩免费使用，是全球第一个公共充电桩免费使用的国家。有数据显示 2021 年 1 月挪威有过 33 万辆纯电动汽车同时在全国各地充电的盛大场面，与此同时还有3200辆纯电动汽车在同一时间进行快充；考虑到挪威仅有不到540万的人口，这个数字其实异常惊人。挪威新能源汽车销量预计会持续增长。按照目前的推广普及态势，挪威有望实现其提出的2025年禁售燃油车的计划，成为全球首个汽车完全电动化的国家。

（2）可再生能源产业促进纯电动汽车高占有率

挪威2020年纯电动汽车销量占新能源汽车总销量的54.3%，纯电动汽车的占有率处于较高水平。除政府对纯电动汽车购买环节的一系列补贴和免税政策之外，挪威发达的可再生能源发电产业也是助其快速推广普及的重要原因。挪威石油和天然气资源丰富，曾是全球第三大石油出口国和第二大天然气出口国，天然气出口顶峰时占据欧洲市场20%的份额。2005年之后，随着挪威石油资源的逐渐减少和开采技术的滞后，石油产量逐年下滑，出口量已经跌出全球前十，天然气出口量同样出现下滑；与此同时，挪威政府积极转变经济发展方式，大力发展绿色环保产业。挪威三面环海，水资源极其丰富，人均水资源占有量常年排名欧洲第二，是世界上人均水资源最丰富的国家之一，可开发量达到3.8×10^{7}kW·h，于是挪威政府大力发展水力发电产业，取得了巨大成效：2018年挪威水力发电量位居全球第六位，水力发电量占全国发电量的99.5%以上，占比为全球最高，电力供应几乎完全是水力发电。此外，挪威的人均用电量和人均发电量同样排在全球前列，2016年挪威人均用电量达到2400kW·h，排名全球第三。挪威的水力发电量总量、水力发电占比和人均用电量这3项指标均进入世界先进行列，是全球可再生能源产业发展的典范国家。此外，挪威还是全球首个对潮汐发电进行商业化利用的国家。发达的可再生能源产业使挪威政府考虑将富余的电力应用于节能环保且用电量大的工业产品上，新能源汽车成为理想的首选；新能源汽车与可再生能源的结合形成良性循环，更好地促进本国向低碳节能减排国家迈进的目标。

挪威的新能源汽车推广普及获得巨大成功的同时,潜在风险同样不可忽视。

(1)补贴政策导致财政压力大,影响经济发展

挪威的新能源汽车补贴力度之大无论在本国历史上还是全球范围内都是前所未有的,而这一系列强力政策的背后是挪威每年需要拿出大量预算对新能源进行补贴,政府为此付出了高昂代价:仅每年的减税补贴就使政府需要多支出约40亿挪威克朗,大大增加了财政负担;而挪威是非欧盟成员国,没有参与欧盟的财政一体化,自然无法从其共同财政体系中得到帮助,导致政府没有多余的财政收入扶持其他新兴产业的发展。2017年之前,挪威的电动汽车使用收费公路可以享受免收过路费优惠,并且还可以免费使用停车位;近年随着电动车数量的逐年增加,挪威政府计划自2017年起逐渐减少新能源汽车补贴和免减税,但仍然要求纯电车在使用收费公路和停车位时的交费标准不得高于标准的50%。这项迫于财政压力的政策在2019年得到挪威议会的批准,被称为"50%政策"。新能源汽车补贴资金的减少势必会对消费市场产生影响,但之前数年补贴政策的巨大红利已经使消费者形成对新能源汽车强烈的消费惯性,减少补贴对新能源汽车销量的影响有限。挪威在之后的2018—2020年新能源汽车销量持续增长,市场的前景持续看好。

(2)本土新能源汽车品牌缺失

挪威的汽车工业基础薄弱,目前仅有Think和Elbil Norge两家汽车企业。在挪威政府大力推广新能源汽车之后,都转型为只生产纯电动汽车的企业,其中Think公司的Think City和Elbil Norge公司的Buddy这两款纯电动汽车在挪威新能源汽车推广的早期是其主力销售车型,占据主要销量和市场占有率。2013年之后挪威放开新能源汽车市场,特斯拉、日产、大众等外资新能源汽车企业相继进入挪威市场,外资品牌相比本土品牌,在技术含量、产品质量、保障体系等方面都优势巨大,继而迅速占领市场,2015年仅日产、大众、特斯拉、三菱和宝马这五大外资品牌的销量

就占据了挪威新能源汽车领域总销量的近90%，挪威本土品牌的市场份额已不足10%。除了乘用车，挪威的商用车市场同样高度依赖于外资品牌：来自中国的宇通和比亚迪纯电动客车占据当地公共交通市场的大部分份额，此后数年外资品牌仍然保持压倒优势。2020年挪威本土新能源汽车品牌销量持续下滑到不足5%，挪威已经成为全球各大新能源汽车企业争夺的重要市场。

挪威宽松的开放式市场使本国消费者对品牌有更多的选择空间，可以挑选最适合自己的产品，最终从中受益，但这种市场政策对本国新能源汽车产业的发展却是极其不利的。外资品牌压倒性的市场占有率对挪威本就脆弱的汽车工业造成了毁灭性打击，挪威本土品牌毫无还手之力。目前挪威仅有的两家电动汽车公司都开始转型向其他行业发展；受这一影响，部分外资品牌由于市场占有率高，服务质量开始下降，对消费者的诉求逐渐懈怠，使消费者的权益得不到保障。2016年特斯拉因为虚假宣传其加速性能先后被133位车主联合起诉至当地法院，同年年底，特斯拉最终与车主达成和解，赔付每位车主6.5万挪威克朗；特斯拉因为虚假宣传付出了巨额赔偿金，而消费者虽然得到了赔偿，但却经历了不愉快的购买体验，身心备受打击。此次事件使特斯拉产品在挪威的口碑和销量受到较大影响，此后的2017年和2018年特斯拉都错失挪威市场的销量冠军。

(3)配套设施匮乏阻碍新能源汽车推广普及

新能源汽车产业发展不仅依靠产品本身，还需要相关配套设施的保障；公共充电桩是目前最主要的新能源汽车配套设施，地区公共充电桩的普及程度往往决定其新能源汽车普及的数量。挪威早期的新能源汽车产业能够快速发展与其完善的公共充电桩建设有直接关系。2011年挪威的车桩比为1:1，公共充电桩充足的数量完全可以满足车主的需求，免费的充电政策又进一步增加了产品的吸引力，使挪威新能源汽车销量激增，特别是2016年的销量甚至出现了9倍以上的增长；但也正是从此时开始公共充电桩数量的增长速度明显放缓，远远落后于新能源汽车的增长量。挪威的公共充电桩数量从 2011 年的 3000 座左右增加到 2019 年的近 1.4 万台，增长不到 5 倍，而同一时期德国、英国和法国的公共充电桩数量增长率都在 10 倍以上。挪威的公共充电桩数量占有率从 2011 年的全欧洲最高下滑到 2019 年的第 4 位，同时车桩比急剧上升，2017 年已经上升到 14∶1，2019 年再次飙升到惊人的 20∶1，创历史最高纪录，几乎是全欧洲最高，远高于英法德等国不到 10 的比值。挪威过高的车桩比已经开始影响到其新能源汽车的推广普及，2019 年挪威的新能源汽车销量同比增长仅有 9.4%，是欧洲新能源汽车主要市场中唯一低于 10% 的国家。这一现状与挪威严重短缺的公共充电桩密切相关。挪威由于新能源汽车增长过快、财政负担较大，公共充电桩的缺口仍然会长期存在，需要各方尽快提出解决方案。

3. 英国

英国是第一次工业革命发源地，工业发展曾经辉煌一时。20 世纪 70 年代英国政府制定向服务业加速发展的战略，沃达丰、英国电信、英国航空等电信和航空企业飞速发展；但同时工业竞争力持续下降，制造业自 20 世纪 80 年代开始萎缩，80 年代末和 90 年代初的两次经济衰退加剧了这一态势。目前制造业只占英国 GDP 的 8.9%，英国是制造业在经济总量中占比最低的发达国家；还有某些产业正在加速萎缩，特别是曾经引以为傲的汽车产业。1873 年世界上第一辆电动汽车就诞生在英国，此后近 100 年时间里英国一直是世界汽车强国，20 世纪 50 年代英国的汽车产量仍高居全球第二；之后被汽车产业飞速发展的德国和日本先后超越，罗孚、MINI、捷豹路虎、路特斯、阿斯顿马丁、宾利、劳斯莱斯相继被外资企业收购，目前英国仅剩迈凯伦、ADL 等为数不多的本土品牌。英国汽车产业正呈现出“空心化”趋势，汽车产量和排名双双快速下滑，进入 21 世纪之后更是已经跌出全球前十，甚至不如印度、墨西哥、巴西等新兴国家。

但英国政府在新能源汽车推广应用方面却走在了全球前列:早在2010年就制定了新能源汽车发展的规划和扶持政策;2011年1月起开始对符合条件的新能源汽车消费者提供补贴,补贴额为新车价格的25%,最高金额为5000英镑。英国是全球实施新能源汽车补贴政策最早的国家之一,得益于此,自2014年之后英国新能源汽车市场规模就稳居欧洲前三。此外,英国政府计划2030年全面禁售燃油车,是全球第二个禁售燃油车的国家。英国在新能源汽车推广普及方面取得了优异成效。

(1)纯电动车型和混合动力车型均衡发展

2019年英国新能源汽车销量为72834辆,其中纯电动汽车37850辆,混合动力汽车34984辆,二者销量仅差不到3000辆;纯电动汽车销量占新能源汽车总销量的51.97%,市场占有率刚刚过半,纯电动汽车和混合动力汽车基本上旗鼓相当、平分秋色,这种情况在全球主要新能源汽车市场中是独一无二的。英国之所以能做到纯电动车型和混合动力车型均衡发展,主要是因为对两种车型一视同仁的补贴政策:与中国、美国、德国等国纯电动汽车补贴明显高于混合动力汽车的车型差异化补贴政策不同,英国对纯电动汽车和混合动力汽车实行相同的补贴政策,补贴金额的差别取决于纯电动模式下二氧化碳的排放量。英国政府曾经计划在2018年11月取消对混合动力汽车的补贴,但之后经过议会讨论,在2020年新制定的预算案中政府决定延长混合动力汽车补贴政策至2022年或2023年;此举表明了英国持续支持混合动力汽车发展的决心,预计未来英国的新能源汽车内部车型均衡发展的局面将持续下去。

(2)积极开展产业国际交流

英国目前汽车产业衰落严重,仅存的本土汽车企业无论在技术水平还是产值规模方面都无法与国际大型汽车制造商竞争;在新能源汽车领域同样如此。于是政府部门和相关企业在新能源汽车产业的发展道路上另辟蹊径,与外资新能源汽车企业合作,先通过外资企业更先进的技术来弥补本土企业在这方面的不足,之后引导本土企业通过学习来提高自身的技术水平,最终达到促进本国新能源汽车产业发展的目的。早在1986年,日产汽车就在英国桑德兰建立工厂;桑德兰工厂至今仍是英国最大的汽车工厂。2013年桑德兰工厂开始生产日产聆风纯电动汽车并推向市场,该车一经上市便广受好评,当年便成为英国乃至全欧洲新能源汽车销量冠军,之后销量持续增长;2014年日产聆风蝉联英国新能源汽车销量冠军,占据英国新能源汽车55.4%的市场份额,在欧洲累计销量近1.5万辆,市场占有率超过1/4,再次成为欧洲最畅销的新能源汽车。得益于在欧洲的优异表现,日产聆风一举夺得2014年全球新能源汽车单一车型的销量冠军,在2016年又再次摘得全球新能源汽车销量桂冠;虽然之后日产聆风由于产品老化、车型更新慢导致竞争力下降,市场份额开始逐年下降,但销量仍然位居全球前列。日产聆风取得这一成绩的重要因素是其能在新能源汽车市场发达的欧洲进行投产。

英国除在家用车领域进行国际合作之外,在商用车领域同样积极寻求与国际知名新能源汽车企业的合作,还一直在寻找公共交通领域的节能减排方案。2009年英国政府出台新能源汽车发展的激励措施,计划投入3000万欧元的基金用于鼓励电动客车的生产和销售,基金主要用于补贴客车运营机构采购电动客车。比亚迪的纯电动客车进入了他们的视野。经过近4年的考察和谈判,2013年12月比亚迪为伦敦特别定制的红色纯电动单层公交大巴在市中心投入服务,标志着比亚迪正式进入英国市场。2015年10月,比亚迪与英国最大的客车制造商ADL公司合作并成立合资公司,共同生产纯电动客车,之后合资公司陆续接到来自英国各地区的订单,发展形势良好。截至2020年年底,比亚迪公司与合资公司生产的纯电动客车在英国合计销量累计超过250辆,占据英国纯电动客车超50%的市场份额。同时期另一家中国汽车企业吉利在英国同样积极推进商用车电动化,2013年2月吉利全资收购当时濒临倒闭的英国伦敦出租车制造商Manganese Bronze Holdings Plc,2017年3月吉利在考文垂的工厂正式投产,生产TX5纯电动出租车,并于2018年年底开始在伦敦地区由重组后的伦敦出租车公司运营。

英国的新能源汽车产业在找准自身定位之后蓬勃发展，但2019年以来政治经济环境的重大变化使其发展前景开始变得不明朗，隐患重重。

(1)“脱欧”对新能源汽车产业的潜在影响巨大

英国曾经是欧盟主要成员国，早在1973年就加入了欧盟前身的欧共体，在欧盟内部的政治、经济、军事、科教、文体等各个方面发挥着重要作用。但由于英国是岛国，脱离欧洲大陆，长久以来形成了独特的文化传统和意识形态，与欧洲大陆差异明显。英国作为欧盟成员国的同时保持了高度的独立性，如英国的流通货币、签证体系、劳工制度等方面与欧盟无法互通，造成了诸多不便，且英国内部脱离欧盟的呼声长期存在，但上到统治阶级下到平民百姓的各社会阶层对于“脱欧”(脱离欧盟)的态度不一，甚至呈现两极化趋势。2013年1月23日，英国时任首相卡梅伦首次提出“脱欧”公投；2016年6月英国全民公投决定“脱欧”；2017年3月英国女王伊丽莎白二世批准“脱欧”法案，授权时任首相特雷莎·梅正式启动“脱欧”程序。根据英国与欧盟的协议，英国应在2019年3月正式“脱欧”。2018年6月英女王批准英国“脱欧”法案，允许英国退出欧盟；7月英国已经发布“脱欧”白皮书；11月欧盟除英国外的27国领导人一致通过英国“脱欧”协议草案；12月欧洲法院裁定英国可单方面撤销“脱欧”决定。2020年1月30日欧盟正式批准英国“脱欧”，之后英国进入“脱欧”过渡期；12月经过多轮激烈谈判，欧盟与英国终于就包括贸易在内的一系列合作关系达成协议，为英国按照原计划在2020年结束后的“脱欧”过渡期扫清障碍。2021年1月1日英国正式完成“脱欧”。

英国“脱欧”是欧盟和欧洲发展历史上的重大事件。英国成为首个退出欧盟的国家，无论对英国、欧盟和欧洲还是对全球的地缘政治都将带来深远影响，而这对英国本身的影响无疑是最为深远的，对其政治、经济、军事、科教、文体等各个方面都影响巨大，甚至会决定英国未来的发展走向；而这对新能源汽车这一新兴产业产生的后果也是不可预知的。英国在“脱欧”之前的新能源汽车的发展路线是与欧盟保持一致的，可以共享新能源汽车的扶持政策；而在“脱欧”之后这一系列路线和政策都将无法延续。不同于北欧和东欧从未加入过欧盟的部分国家，英国是主动加入并且第一个退出欧盟的国家，“脱欧”之后与欧盟成员国的关系将变得更加微妙和复杂，会影响到相关的新能源汽车进出口政策。目前英国“脱欧”尚短（截至 2021 年年底），新能源汽车发展的未来走向尚不明朗，还有待进一步观察。

（2）产业“空心化”阻碍新能源汽车发展

与挪威本身就薄弱的汽车工业不同，英国的汽车工业曾经有过辉煌的历史，全球第一辆公认的电动汽车便诞生于此。英国在全球汽车产业中占据重要地位，诞生过众多知名汽车品牌，由于后来企业思想僵化、缺乏创新，产品竞争力逐渐下滑，已经无法与其他主要国家竞争，企业经营陷入困境，于是开始寻求发展出路。英国汽车企业普遍采用的解决方法是寻求资金充足的行业巨头收购，这样一方面可以得到维持发展所需的资金，另一方面可以保留住企业，避免品牌彻底消亡。于是英国汽车企业相继被大众、福特、宝马、上汽、塔塔等国际汽车业巨头收购，这样一来，原有企业的积累技术和管理架构得以完整地保留，同时还能弥补母公司某些领域的短板和缺陷；收购中小规模或濒临倒闭的某些细分领域的优势企业，也成为其母公司发展壮大的捷径。英国部分汽车企业的解决方案虽然使自身暂时摆脱困境、得以生存，但同时也间接促进了外资品牌的发展，扩大其优势。创建于 1906 年的劳斯莱斯公司是英国历史最为悠久的汽车公司，是全球顶级豪华汽车品牌，后因为经营不善被宝马公司收购，在宝马的扶持下发展再次渐入佳境；劳斯莱斯也为宝马补足了顶级高端品牌的短板。名爵被上汽集团收购后变为上汽自主乘用车品牌，发展蒸蒸日上，焕发第二春。捷豹路虎被印度塔塔公司收购后同样帮助其一跃晋升为国际大型汽车企业。但这种方式最终会使英国汽车产业“空心化”，相关企业和产业链表面上还存在，但其内部的核心技术和竞争力已经转移到外资企业,对英国汽车产业的危害更加隐蔽和深重。英国近年逐渐意识到产业“空心化”的严重性,开始采取措施,比如鼓励本土企业与外资企业合资生产,促进本土企业的发展,或者吸引外资企业来英国投资建厂,促进本地就业,同时干预外资企业收购本土企业的行为。经过近年的努力,英国汽车产业“空心化”现象略有缓解,行业发展逐渐步入正轨。

4. **荷兰**

荷兰的国民环保意识由来已久,该国人民对自行车通行情有独钟。第二次世界大战之前,荷兰的城市交通主要依靠自行车,但是1950年至1960年国内汽车拥有量直线上升,道路日渐拥挤,自行车通行空间被严重挤占,交通事故急剧增加。20世纪70年代的全球石油危机导致中东的产油国停止向美国和西欧出口石油,安全事故与石油危机的双重压力使荷兰又一次认识到绿色出行的重要性,迫使荷兰政府投资改善自行车骑行的基础设施。从20世纪70年代起,荷兰的城市规划人员开始与以汽车为中心的道路设计理念分道扬镳;这一理念在当时的全球范围内都是超前的。经过40多年的持续推广,2013年荷兰的人均自行车保有量达1.1辆,位居世界第一,被誉为“自行车王国”。荷兰的自行车绿色出行观念已经深入人心。自行车出行虽然节能环保,但是车辆速度慢、无法载重、通行和运输效率较低,更高效率的汽车推广缓慢,出现了本末倒置的情况,已经影响到荷兰经济的发展。荷兰政府开始寻找兼具绿色环保和高效通行的理想方式,节能减排的新能源汽车成为他们的首选。由于荷兰本土的汽车产业基础薄弱,所以荷兰政府与挪威、英国的发展方向一样,以无差别的新能源汽车补贴政策积极引入外资品牌产品并进行推广普及。2013年8月特斯拉在荷兰蒂尔堡的欧洲首家工厂正式投产,生产旗下纯电动汽车产品,当年荷兰的新能源汽车销量已经位居欧洲第二。之后由于德国、挪威、英国等国新能源汽车市场规模的快速发展,荷兰的市场份额开始下滑,但仍然位居欧洲前列。荷兰通过新能源汽车终于找到了兼具绿色环保和高效通行的理想方式。

2019 年荷兰新能源汽车总销量为 66957 辆,同比增长 165.6%,是欧洲主要新能源汽车市场中增长率最高的国家;新能源汽车总销量中纯电动汽车的占比较高,销量为 62056 辆,位居欧洲第二,占当年国内新能源汽车总销量的 92.7%,这一比例在全球新能源汽车的主要国家中高居榜首,并远超其他国家;但纯电动汽车销量占同年国内汽车近 54 万总销量的比重仅为 11.5%,汽车电动化率虽然排名欧洲第二,却远低于挪威 70%以上的电动化率,荷兰的汽车整体电动化率还有待进一步提高。

荷兰除了引入外资新能源汽车品牌,还积极扶持本土新能源汽车品牌企业。荷兰的商用车制造业比较发达,其中 VDL 集团是荷兰最大的商用车制造商,其生产的客车和巴士远销欧洲其他地区,口碑极佳。近年 VDL 积极转型生产纯电动客车,其生产的纯电动客车目前占据欧洲纯电动客车市场份额第三位和欧洲本土企业市场份额第二位。此外,另一家荷兰电动巴士制造商 EBUSCO 与中国金旅客车合作生产电动巴士。荷兰在发展本土新能源汽车产业方面同样取得了丰硕的成果。

5. 法国

法国工业发达,电气、食品、军工、航空、核电在全球产业链中占有重要地位,拥有道达尔、空中客车、达能、阿尔斯通、施耐德等行业巨头。2020 年法国有 31 家企业进入世界 500 强,数量排名全球第四;相比优势产业,法国汽车产业的发展略微逊色,不仅与同一大洲的德国相比差距明显,还与美国和日本存在不小的差距。于是法国汽车企业通过与国际大型汽车企业合并或兼并其他企业的方式来提升自身的产业竞争力。1976 年法国当时两家主要汽车制造商——标致公司和雪铁龙公司正式合并成为新的 PSA 集团,并一举成为法国最大的汽车企业。1998 年,法国专业超级制造商布加迪被大众汽车收购,成为其全资子公司。1999 年 3 月法国第二大汽车公司雷诺公司与日产公司组成雷诺—日产联盟，并于2005年跻身全球第四大汽车公司；2016年连年亏损的三菱汽车又加入进来，组成了新的雷诺—日产—三菱联盟，三方强强联合，并在2017年和2018年连续两年夺得全球汽车企业销量亚军。2021年1月PSA集团与FCA集团正式合并，成立新的Stellantis集团，这一合并涉及4家企业，是汽车历史上参与企业最多的一次合并，预计新集团将会成为全球第四大汽车公司。法国的汽车零部件产业同样发达，拥有米其林、法雷奥等业内知名的汽车零部件企业，其中米其林常年位居全球十大汽车零部件供应商之列。

法国汽车企业通过合并和兼并的方式不断壮大，这是完全不同于其他国家的发展道路，在这一过程中他们也不断在向新的领域迈进。法国是全球较早发展新能源汽车产业的国家之一。雷诺在2010年的北京国际车展上就发布了旗下首款纯电动汽车——Zoe概念车，2013年年初量产版正式上市，并在当年的法国市场售出超过5500辆，夺得2013年法国新能源汽车销量冠军；而联盟企业的日产聆风也在同一年上市。两款车定位和价格相近，雷诺和日产可以共享产品的研发和生产，促进双方的产品共同进步。得益于此，两款纯电动汽车的市场表现都非常优异。雷诺Zoe进入2014年全球新能源汽车销量排名前十，后来由于竞争对手产品销量的快速提升以及自身的产品竞争力提升有限，近年雷诺Zoe市场份额出现下滑，但仍然能保持在前15名以内，销量逐年稳步上升。近年雷诺公司潜心提升产品实力，2020年推出的升级之后的新款雷诺Zoe一经上市便广受好评，销量大幅度上涨，以超过10万辆的销量摘得当年欧洲新能源汽车销量桂冠，并获得2020年全球新能源汽车销量第三的名次，创车型销量和排名的新高。雷诺Zoe的斐然成绩使沉寂数年的法系新能源汽车又一次强势回归。

法国不仅在新能源汽车制造业方面发展较好，在新能源汽车的推广普及方面同样值得称道。法国2013、2014、2015年连续3年夺得欧洲新能源汽车销量冠军,2016 年之后的销量被挪威、德国和英国相继超越,2019 年以超过 6 万辆的销量稳居欧洲新能源汽车销量前五。法国在配套设施的建设方面同样不遗余力,2019 年全国共有公共充电桩 2.97 万台,位居欧洲第二位,虽然总数量不及邻近的德国,但车桩比达到 7∶1,与德国并列欧洲主要国家最高。其他国家的车桩比都出现过大幅度上升的时期,但法国是欧洲新能源汽车发展主要国家中唯一一个稳定保持下降的国家。法国的车桩比 2012 年为 17∶1,处于较低水平,到 2017 年已经下降到 7∶1 并维持到 2019 年;这一成绩在新能源汽车保有量猛增而配套设施相对不足的发展现状下实属不易。

6. 瑞典

瑞典是北欧面积最大、人口最多、经济实力最强的国家。人类发展指数处于极高水平,是高度发达的资本主义国家。瑞典工业高度发达而且种类繁多,拥有自己的航空业、核工业、汽车制造业、军事工业以及全球领先的电信业和医药研究能力,是北欧工业最为发达的国家;汽车产业较为发达,拥有沃尔沃、萨博、柯尼塞格、斯堪尼亚等知名汽车企业。于 1927 年成立的沃尔沃集团是瑞典目前最大的企业,旗下的沃尔沃汽车公司是北欧最大汽车公司,同时也是唯一一家具有全球影响力的国际大型汽车公司,生产的沃尔沃品牌汽车是享誉全球的知名豪华汽车,其舒适性和安全性得到消费者的普遍认可。1999 年福特汽车花费 65 亿美元收购沃尔沃汽车,成为其母公司;但之后沃尔沃汽车发展一直不甚理想,销量在收购之后持续下滑,2008 年全球金融危机又使其发展雪上加霜,出现巨额亏损。福特公司计划出售经营不善的沃尔沃汽车时,先后有多家国际大型汽车参与竞购。经过数个月的协商和谈判,来自中国的吉利控股集团最终于 2010 年 3 月 28 日以大大低于之前福特收购价的 18 亿美元正式收购沃尔沃汽车 100% 股权,沃尔沃成为吉利集团旗下全资子公司,这一年成为沃尔沃汽车发展历史上的重要转折点。之后吉利集团在完整保留沃尔沃公司原有员工、组织架构、关键技术和知识产权的同时开始大刀阔斧地对其内部进行各方面改革和提升，沃尔沃也顺势在中国成立研发中心，加大对中国市场的营销力度，公司发展逐步进入正轨，销量稳步提升。截至 2019 年，沃尔沃全球销量突破 70 万辆，达到 70.54 万辆，连续 6 年实现销量大幅增长，相比吉利收购之前的 2009 年的 37 万销量增长近 1 倍，创造品牌成立 93 年以来的最高销售纪录，其中中国市场销量达到 15.46 万辆，相比吉利收购之前销量增长 5 倍以上，中国已成为沃尔沃全球最大单一市场；收购使吉利自身同样得到快速发展，销量由收购当年的 41.5 万辆上升到 2019 年的 136.2 万辆，10 年间销量增长超过 200%。至此，吉利控股 2019 年的总销量为 217.8 万辆，进入全球车企销量前 15 名。

吉利收购沃尔沃不仅是对沃尔沃发展的重要转折点，也对整个瑞典汽车产业具有重大意义，特别是新能源汽车领域。沃尔沃凭借母公司吉利在新能源汽车方面的优势，与其共享技术平台和制造经验，积极研发产品。早在 2011 年 3 月沃尔沃公司就发布了全球首款插电式柴油混合动力汽车——V60 PHEV，并在次年上市；之后沃尔沃又相继发布并上市了 S60 PHEV、S90 PHEV、XC60 PHEV、XC90 PHEV 等插电式混合动力车型。2015 年 7 月沃尔沃汽车宣布收购瑞典高性能改装车制造商北极星全部股权；2019 年 2 月北极星发布旗下同时也是沃尔沃旗下首款纯电动汽车 Polester 2。沃尔沃新能源汽车在 2019 年之后销量和市场占有率稳步上升，在 2020 年上半年公布的全球新能源汽车企业销量排行榜中，沃尔沃出人意料地排在第七，成为上半年新能源汽车企业的最大黑马。此外，沃尔沃的纯电动客车也已经在瑞典上路运营，并与斯堪尼亚、比亚迪等品牌争夺瑞典纯电动客车市场。2020 年沃尔沃新能源汽车销量达 11.3 万辆，排名全球第八，销量和排名均创历史新高。

瑞典新能源汽车市场规模常年稳居欧洲前列。2019 年瑞典新能源汽车销量超过 4 万辆，达 40406 辆，其中混合动力汽车销量近 2.5 万辆，占瑞典新能源汽车总销量的比重超过60%，是全球主要新能源汽车发展国家中混合动力汽车占有率最高的国家；混合动力汽车销量高的重要原因是占据瑞典新能源汽车市场最高份额的沃尔沃目前主要销售混合动力汽车。瑞典的新能源汽车销量与第五名法国超6万辆的销量差距明显。随着Polester 2、XC40纯电动版以及后续纯电动车型的陆续推出，瑞典的纯电动汽车销量和占比会逐渐上升，新能源汽车产业的发展前景可期。

7. 意大利

意大利是南欧最大经济体、欧洲第四大经济体。意大利工业较为发达，特别是汽车产业突出。意大利是欧洲传统汽车强国，境内有菲亚特、帕加尼、兰博基尼等世界知名汽车企业，其中菲亚特先后收购法拉利、玛莎拉蒂和阿尔法·罗密欧这3家意大利跑车制造商，逐渐发展成为意大利最大的汽车公司，同时让意大利的跑车品牌享誉全球。2014年10月菲亚特与美国克莱斯勒汽车公司正式合并，成立新的菲亚特克莱斯勒汽车集团公司，简称FCA集团。2021年1月FCA集团与PSA集团正式合并，成立新的Stellantis集团，这次合并是汽车历史上参与公司最多的合并，预计新集团将会成为全球第四大汽车公司。意大利不仅汽车制造业发达，汽车市场同样繁荣。2017年的统计数据显示意大利人均汽车保有量高达每千人625辆，位居欧洲第三、全球第七。意大利共有私家车3700万辆左右，私家车数量仅次于德国，高居欧洲第二。2019年意大利汽车销量达到213.19万辆，位列欧洲第四、全球第九。

意大利新能源汽车产业起步较晚。2010年之后法拉利为了提高旗下车辆的性能，为某些赛道专用的超级跑车配备了混合动力系统，但其价格高昂，并且只能在专业赛道行驶，离普通消费者太过遥远。以菲亚特为首的本土企业完全没有新能源民用汽车产品的研发和生产计划。意大利新能源汽车产业近年停滞不前、几乎空白，远远落后于其他国家，进而影响其新能源汽车市场。2019年意大利新能源汽车销量达到1.71万辆，排名欧洲第十;虽然进入欧洲销量前十,但距离前六名差距较大,并且意大利国内新能源汽车市场主要以标致、雷诺、大众、比亚迪、特斯拉等外资品牌为主,本土品牌几乎没有新能源汽车产品,基本没有市场份额。不过菲亚特集团近年逐渐意识到这一问题,开始研发并计划生产新能源汽车,同时借鉴学习 Stellantis 集团的标致雪铁龙的经验,争取早日追赶上主流新能源汽车企业的步伐。

8. 西班牙

西班牙工业总体发展水平一般,汽车产业是其支柱产业之一。西班牙汽车产量常年位居世界前列。2019 年西班牙汽车产量为 282 万辆,位居欧洲第二、全球第九。但西班牙的汽车产量主要是由大众、通用、奔驰、雷诺、日产等外资企业在其境内的工厂贡献的,本土缺乏汽车企业;曾经是本国最大汽车企业的西亚特汽车公司早在 1990 年就被大众汽车收购。西班牙虽然乘用车领域不强,但商用车领域发展尚可。西班牙最大的商用车企业伊利萨尔近年开始积极研发和制造新能源汽车,其生产的纯电动客车在欧洲纯电动客车市场占有一定份额。西班牙政府在新能源乘用车方面主要以推广普及为主,近年国内新能源汽车市场快速扩张。2019 年西班牙新能源汽车销量为 1.75 万辆,处于欧洲第二集团的前列。

9. 比利时

比利时工业发达,主要工业部门有化工、汽车、生物医药、航空航天等,特别是汽车产业。比利时虽然缺乏本土的汽车企业,但由于地理位置绝佳又毗邻法国、德国等汽车工业发达国家,国际大型汽车公司纷纷在比利时境内建立工厂,主要有位于布鲁塞尔的大众工厂、安特卫普的欧宝工厂、亨克的福特工厂和根特的沃尔沃工厂;如此多的跨国品牌汽车工厂分布在面积只有 3 万多平方公里、人口只有 1100 余万的国土上,实属全球罕见。近年,比利时的汽车工厂开始转型生产新能源汽车。奥迪 e-tron

纯电动 SUV 于 2018 年在布鲁塞尔的大众工厂正式投产;2019 年 4 月 e-tron开始交付给消费者,随后销量和口碑一路飙升;2020 年 e-tron 全球总销量达到 4. 73 万辆,同比增长 79. 5% ,并夺得欧洲纯电动 SUV 销量冠军。2020 年,沃尔沃计划在比利时根特的工厂投产旗下首款纯电动 SUV——XC40 recharge(2021 年该车已投入生产)。除了引进全球知名汽车企业,比利时本土汽车企业同样积极投身于新能源汽车领域。比利时最大的汽车企业同时也是其最大商用车企业——范胡尔公司近年致力新能源客车的生产,在 2018 和 2019 年生产的氢燃料电池客车相继获得德国和荷兰的订单,目前已经投入当地运营使用;得益于这一系列的产业发展,比利时 2019 年新能源汽车销量达 1. 78 万辆,位居欧洲第七,市场表现突出,位居第二集团的领头位置,但与前六名差距仍然不小,出现了明显的市场空当。作为第二集团的销量领头羊,比利时还需要进一步扩大市场规模,早日追赶第一集团。

10. 瑞士

瑞士经济高度发达,最重要的产业是制造业。该国以生产专业化学制品、药品及医疗产品、科学精密测量仪器和乐器为主要产业,主要出口产品包括化学制品、机械及电子设备和精密仪器等。服务业为瑞士另一重要产业,包括银行业、旅游业、保险业等。2020 年瑞士有 14 家企业进入世界 500 强,数量排名全球第七,是前十当中人口最少的国家,其中包括雀巢、罗氏、诺华、ABB 等享誉全球的制造业巨头,涵盖了制药、机器人、食品加工等行业。瑞士汽车产业发展一般,缺乏本土大型汽车企业,但政府十分重视汽车市场:于 1924 年在日内瓦创办的日内瓦国际车展是全球知名车展,每年吸引众多国际大型汽车企业前来参展。近年瑞士开始大力推广普及新能源汽车,效果显著。2013 年瑞士新能源汽车销量为 1154 辆,之后虽然稳步上涨,但涨幅相比其他主要国家不高;2018 年瑞士新能源汽车销量仅为 4400 辆,与其他国家的差距较大;2019 年瑞士政府加大扶持政策，效果明显，全年新能源汽车销量暴涨至1.74万辆，猛增近3倍，超过意大利，与西班牙、比利时基本持平。瑞士的新能源汽车市场发展前景持续看好。

11. 波兰

波兰工业基础较为薄弱，本土几乎没有大型工业企业，主要工业产品基本依靠进口；但同时波兰较低的土地租金和人力成本成为吸引外资企业的优势，特别是外资汽车企业如丰田、奔驰、FCA等国际知名汽车公司。2019年年初，LG集团在波兰的动力电池工厂正式投产，年产量达70GW・h，每年可以为30万辆电动汽车提供动力电池，是目前欧洲最大的动力电池工厂。波兰在引进外资汽车企业的同时吸收学习先进的技术和理念，借机发展本土汽车产业。1994年索拉瑞斯商用汽车公司在波兰成立，是当时波兰首家整车制造企业；经过十多年的发展，目前是波兰最大的商用车企业，客车产品出口到欧洲多个国家。2011年索拉瑞斯顺应客车电动化趋势开始生产纯电动客车。经过数年发展，2018年其纯电动客车销量占全欧洲纯电动客车总销量的17%，市场占有率仅次于比亚迪，位居欧洲第二、欧洲本土企业最高；波兰新能源商用车在欧洲市场闯出一片天地。2019年波兰新能源汽车销量仅为2690辆，市场规模处于欧洲中下游位置，与排名前列国家差距巨大，同时也与其3840万的人口数量极不相符。波兰还需要努力提升新能源汽车的市场规模，争取早日成为欧洲主要新能源汽车市场。

12. 丹麦

丹麦是高度发达的资本主义国家，2019年人均GDP超6万美元，拥有极其完善的社会福利制度，经济高度发达，贫富差距较小，国民享受较高的生活品质，是北大西洋公约组织（简称北约）创始国和欧盟成员国。丹麦的汽车工业几乎是空白，新能源汽车以引进外资品牌产品进行推广普及为主。丹麦政府首先从公共交通领域入手,2019 年 4 月丹麦进口的首批 20 辆宇通 E12 纯电动客车交付国内第三大公交运营商 UMOVE,并在罗斯基勒市投入运营。丹麦新能源乘用车销量的增长惊人,2019 年新能源汽车销量达到 9414 辆,相比于 2018 年不到 1500 辆同比增长超过 5 倍,这一惊人的增长率高居当年欧洲所有国家首位;但丹麦 2019 年的平均电价高达 0. 376 美元/(千瓦 · 时),仅次于德国,高居欧洲第二,这有可能成为阻碍新能源汽车推广普及的因素。若丹麦政府进一步加大新能源汽车补贴力度,年销量突破万辆指日可待。

13. 冰岛

冰岛是高度发达的资本主义国家,拥有国家健康保险、高等教育等福利系统,人类发展指数极高,在 2007 年摘得全球人类发展指数桂冠后,该指数常年位居全球前列。2019 年冰岛人均 GDP 近 7 万美元,GDP 常年位居全球前十。渔业是冰岛经济支柱,工业以炼铝等高能耗产业和渔产品加工业为主,制造业几乎是空白。冰岛的电力系统已经完全是可再生能源发电,主要是水电和地热发电。2019 年冰岛人均用电量高达 54400kW · h,高居全球第一。冰岛充足的电力供应使政府开始积极推进新能源汽车的推广普及:2017 年 11 月冰岛迎来首批 14 辆宇通 E12 纯电动客车,并开启了冰岛公共交通纯电动化的序幕;2018 年冰岛政府财政安排 20 亿冰岛克朗支持新能源汽车市场。冰岛的新能源乘用车领域同样发展迅速:2019 年冰岛新能源汽车销量为 2085 辆,对于人口不到 40 万的小型国家来说成绩斐然;2020 年上半年,冰岛新能源汽车销量占汽车总销量的 67. 8% ,仅次于挪威,是全球新能源汽车占比第二高的国家。冰岛新能源汽车市场的未来一片大好。

六、北美洲新能源汽车产业发展分析

北美洲汽车产业发达，美国是绝对的发展中心，诞生了通用、福特、克莱斯勒、道奇等全球知名的国际大型汽车企业。美国在二战后到20世纪80年代一直是全球最大汽车生产国和销售国，直到1980年才被汽车产业高速发展的日本超过，之后汽车产量稳步提升。1994年美国超越日本重新回到世界汽车产量第一的位置，直到2006年再次被日本超越；2009年中国汽车产量首次跃居全球第一，美国汽车产量退居第三；2010年美国汽车销量首次被中国超过，位居第二；此后的汽车产销量与中国差距逐渐拉大。美国近年汽车年产量起伏不定，但在2011年之后一直稳居全球汽车产量第二。北美洲另一发达国家——加拿大的汽车产业规模和市场小很多，仅有美国的不到1/10，但市场产销量同样常年保持在全球前列。20世纪60年代开始，加拿大汽车产量就位居全球前十，销量亦位居前列。2019年加拿大汽车销量位列全球前十，但汽车产量从20世纪90年代开始增长缓慢，到2009年跌出全球前十，而替代它进入前十的正是同大洲的另一主要国家——墨西哥。墨西哥汽车产业近年快速发展，2009年的汽车产量首进全球前十，到2019年墨西哥的汽车产量已近400万辆，上升到全球第六，超过法国、韩国等传统汽车强国，成为全球汽车产业发展新的增长点。总体来看北美洲汽车产业有喜有忧，整体发展态势良好。

(一)北美洲新能源汽车产业发展现状

北美洲新能源汽车起步较早,全球首辆现代电动汽车——通用 EV1 便诞生于此。但由于之后的技术瓶颈和全球油价的走低,燃油车仍然牢牢占据主流,新能源汽车产业一直停滞不前。直到 2012 年,特斯拉公司的 Model S 的发布上市使新能源汽车第一次开始受到关注。虽然亚洲和欧洲的新能源汽车已于特斯拉之前量产销售,但特斯拉超前的设计理念仍然引起了之前未曾有过的广泛关注。随后 Model S 在全球范围内热销,使公众第一次深入了解新能源汽车;美国新能源汽车市场规模开始迅速扩大并带动北美洲的整体销量。北美市场在 2012—2014 年连续 3 年雄踞各大洲新能源汽车销量榜首,其中美国连续 3 年成为全球最大的新能源汽车市场,份额保持在 40% 以上。2015 年美国新能源汽车销量首次被中国超越,丢失冠军;同年欧洲新能源汽车市场快速增长,北美市场同时被亚洲和欧洲市场反超,此后市场份额一直处在这两大市场之后。2019 年北美市场共售出约 38 万辆新能源汽车,占全球新能源汽车总销量的比重已不足 20% 。北美洲新能源汽车产业仍需继续提高技术含量和产品质量,以便重振雄风。

1. 动力电池产业基础薄弱,几乎没有竞争力

北美洲的燃油车产业链健全,整车生产有通用、福特、克莱斯勒等大型跨国企业,同时还有麦格纳、博格华纳、江森自控等大型汽车零部件企业,此外还有英特尔、英伟达、微软、谷歌、亚马逊等相关电子信息企业提供汽车智能网联方面的支持,但在新能源汽车产业核心零部件特别是动力电池领域发展落后,同欧洲一样几乎没有动力电池的专业生产企业。特斯拉、通用、福特生产的新能源汽车普遍采用的是“宁德时代”、松下、

LG 等亚洲企业生产的动力电池,本土企业毫无竞争力。

2. 地区发展极不平衡,美国一家独大

北美洲经济发展极不平衡的现状同样体现在新能源汽车领域,呈现美国一家独大的垄断局面。美国云集了北美洲所有的整车制造企业和大部分零部件企业,在北美新能源汽车市场发展的初期优势巨大,几乎占据北美洲新能源汽车的全部销量。之后加拿大新能源汽车市场快速增长,美国的销量占比逐年下降;但 2019 年美国新能源汽车销量占北美洲新能源汽车总销量的比重仍然将近 90%,其他所有国家的新能源汽车销量占比仅 10% 左右;与此同时,美国占北美洲人口总数的近 60%,人均新能源汽车保有量同样高于其他国家。美国新能源汽车产业无论是技术水平、市场规模还是人均保有量都显著高于他国家;而加勒比海地区的部分国家甚至不具备基本的工业发展基础,汽车产业发展止步不前,新能源汽车产业更是一片空白。北美洲新能源汽车产业未来的不平衡态势会愈发严重。

(二)北美洲新能源汽车市场

1. 美国

美国工业高度发达,其工业增加值在二战之后长期排在世界第一,直到 2010 年工业增加值才被中国超过,目前依然排在全球第二,在保证规模的同时保持高质量发展。2019 年美国工业增加值为 3.55 万亿美元,占全球工业增加值的 15.3%,其中航空器、军工武器、汽车制造、芯片等高附加值产业是其支柱产业,特别是芯片产业,常年占据全球芯片总营业收入的将近一半,优势无人撼动。美国还是全球最大武器生产国和出口国,拥有全球最大规模的核动力航空母舰编队。美国汽车工业同样是其

传统支柱产业，汽车工业发展较早，距今已有超过120年历史，是全球汽车工业发展历史最为悠久的国家之一。1887年美国第一家汽车公司——奥尔兹莫比汽车公司成立。1893年亨利·福特发明美国第一辆同时也是世界上第一辆以汽油为动力的汽车。1902年凯迪拉克汽车公司成立；同年，福特（Ford）汽车公司正式成立。1908年福特汽车推出著名的T型车，这种售价不足500美元、后降到300美元的汽车，只有当时同类汽车价格的1/4甚至1/10，美国普通工人用一年工资就可以购买到，福特的T型车战略使汽车成为真正意义上的大众交通工具。1908年，美国另一大汽车企业——通用汽车公司成立，同时相继收购奥兹莫比汽车公司和凯迪拉克汽车公司。1909年福特汽车公司生产的T型车为汽车制造开创了新纪元，因为它是世界第一款生产线上装配而成的汽车。福特采用大量生产方式优化T型车，同时降低价格。1913年福特公司再次首先在生产中使用流水线装配汽车；这给汽车工业带来革命性变化，美国随即出现了普及汽车的高潮，汽车性能益发精进，销量蒸蒸日上。1916年美国汽车销量首度突破100万辆，1920年再度超越200万辆。1925年克莱斯勒汽车公司成立并迅速崛起，1927年通用汽车首次超过福特成为美国最大汽车企业，1932年发展成为全球最大汽车企业。1934年克莱斯勒在美国汽车市场的占有率首次超过福特，稳居前三；此时美国汽车企业数量从发展初期的近3000家经过收购、合并、破产等一系列变革最终仅剩通用、福特和克莱斯勒这3家汽车企业，是典型的寡头垄断市场。此市场形态一方面存在资金雄厚的寡头企业可以进行大规模批量生产，另一方面仍然存在势均力敌的竞争对手可以通过市场竞争促进市场整体高效发展，是一种相对健康良性的市场形态。除了整车制造，美国还拥有江森自控、李尔、固特异、德尔福、博格华纳、康明斯等全球知名的汽车零部件企业。美国汽车在之后的第二次世界大战持续快速发展。

二战后，美国由于本土没有受到攻击，汽车工厂得以完整保留，经济损失尚可；而其他主要参战国的工业设施被战争不同程度地破坏，部分国家甚至处于经济崩溃的边缘。美国汽车产业优势巨大，已经成为全球最大的汽车生产国和销售国。20世纪70年代全球范围内的石油危机突然爆发，油价突然上涨数倍，而此时发达国家正处于“经济滞胀”时期，民众普遍收入增长缓慢甚至减少，无力承担高油价；此时以廉价节油为突出优点的日本汽车看准时机大举进军美国市场，深得消费者青睐，迅速占领美国市场，使日本汽车产量激增。1980年美国汽车产量首次被日本超越，二战之后连续数十年的产量第一就此终结，此后13年都未能回归榜首。在这之后，美国汽车企业一方面研发针对性的产品与日本企业正面竞争，但效果甚微，另一方面积极研发能替代汽油的新型汽车产品。通用公司率先作出改变：其汽车销量自1932年登顶全球以来，已经保持了77年的全球销量冠军，直到2009年才被丰田超越，这一纪录前无古人后难有来者。通用汽车一直都是引领全球汽车产业发展的领军企业。1990年洛杉矶车展，通用公司展出了旗下首款纯电动汽车——EV1，震惊业界，随后于1996年量产并交付使用。通用EV1是全世界第一辆使用动力电池的纯电动汽车，前后共推出两代，采用当时最先进的铅酸电池，续航里程最长可以达到200km；但由于产品本身竞争力不高、充电设施极度匮乏，加之触及石油公司和相关财团的利益，最终销量惨淡，仅售出1117辆，造成通用汽车的巨大亏损，最终被放弃。通用EV1于2002年正式停产，并被全部回收和部分销毁。

EV1项目的失败不仅使通用汽车大受打击、暂时停止新能源汽车的研发，还使美国新能源汽车停滞不前数年；直到2007年通用才重启新能源汽车计划，发布雪佛兰Volt增程式电动汽车。美国政府同时也在积极制定新能源汽车产业的扶持政策。2009年7月美国政府正式推出轿车以旧换新的补贴和旧车报废的退税计划，这一政策使得新能源汽车成为其中的最大受益者；雪佛兰Volt于2010年正式上市，正是受这一政策的刺激，销量快速攀升。美国2010年新能源汽车销量仅为345辆，2011年销量达到17425辆，销量增长达到惊人的近50倍。雪佛兰Volt在2012—

2014 年连续 3 年拿下美国新能源汽车销量冠军。2012 年福特的 C-Max 插电式电动汽车上市，正式进军新能源汽车市场；而在 2003 年 7 月成立的特斯拉公司同样在改变着这一现状。特斯拉在成立之初就坚持只生产纯电动汽车，是全球首家专业纯电动汽车制造商，这一路线也为其日后的成功奠定了坚实的基础。特斯拉首款汽车产品 Roadster 纯电动跑车发布于 2008 年，但由于跑车是小众市场，受众面窄，加之产品实力有限，市场反响平平，销量惨淡。于是，公司开始潜心研发一款受众面更广的高性能轿车产品，于 2012 年 4 月发布特斯拉 Model S 纯电动轿车，6 月开始交付；该车一经推出便立即引起大众的广泛关注，其新颖的外观、超强的性能、超大屏幕内饰和智能辅助驾驶系统颠覆了消费者对汽车产品的传统认知，而且最高续航接近 500km，已经不亚于普通的燃油车。Model S 这辆定位为中大型高性能轿跑的汽车，是一款划时代的革命性产品，价格比一般轿车稍高，但仍然大受欢迎，销量增长快速。美国凭借雪佛兰 Volt 和 Model S 的热销，2012 年新能源汽车销量排名全球第一，并在 2012—2014 年蝉联 3 年全球新能源汽车销量冠军，优势十分明显。美国新能源汽车销量占全球的比重一直保持在 35% 以上。2013 年美国新能源汽车销量占到全球总销量的 46%，接近一半。美国 2015 年之后的新能源汽车产销量虽仍然保持增长，但增速明显放缓。2015 年，美国新能源汽车销量首次被后来居上的中国超越，之后位居第二。如图 14，2018 年销量创新高达到 36.13 万辆，但 2019 年美国新能源汽车销量首次出现负增长，销量仅为 32.95 万辆。2020 年受多因素影响，美国新能源汽车销量连续两年下滑，销量降至 32.8 万辆，首次被德国超越，仅排在全球第三。近年美国新能源汽车产销量的发展状况堪忧。

美国是现代新能源汽车产业发展最早的国家，其产业发展紧跟着全球新能源汽车业发展的步伐，为全球新能源汽车产业的发展作出巨大贡献，其自身有着以下鲜明的特点：

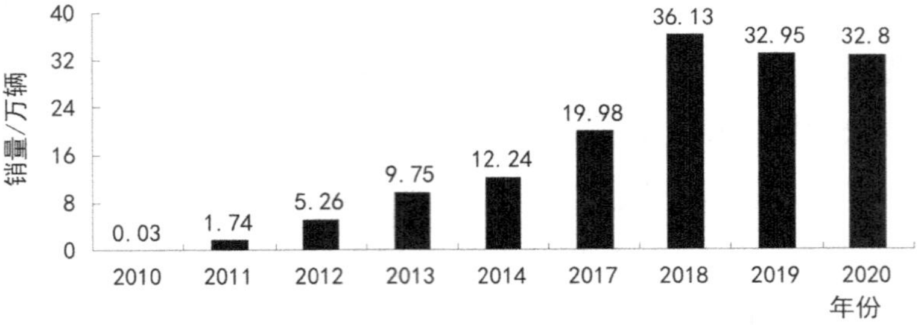

图 14 美国历年新能源汽车销量

(1)纯电动汽车占比较高,为市场主流

与中国、日本、韩国、德国、瑞典等国家先发展混合动力汽车的路线不同,美国新能源汽车产业发展路线从起步阶段就以发展纯电动汽车为主,美国首辆新能源汽车——通用 EV1 就是纯电动汽车,同时还诞生了全球第一家专业纯电动汽车制造商——特斯拉。纯电动汽车销量一直占据美国新能源汽车销量的绝对主力:2019 年美国纯电动汽车销量达到 24.65 万辆,占新能源汽车总销量的 74.8%,销量前五的车型中有 4 款是纯电动汽车。纯电动汽车占据主流与美国独特的居住环境和完善的电力供应有很大关系。美国无论是城市还是农村的房屋,大多是以平房为主,有独立车位,方便安装私人充电桩,车主在自家可以随时充电。美国的发电总量和人均发电量均常年位居全球前列,而充足的电容量可以确保稳定的电力输入。美国同时还有近 7 万台公共充电桩,可以保证公共场所的充电需求。特斯拉在美国已经建立了遍布全国的充电网络,为车主解决长途旅行的充电问题。另外,美国的电价仅为 0.107 美元/(千瓦·时),排名全球中游水平,远低于德国、丹麦等国家的近 0.4 美元/(千瓦·时)的电价,与美国的人均收入相比更是只占极低的比例。在美国,纯电动汽车的使用便捷度近似于燃油车,对美国消费者有着极高的吸引力。预计美国纯电动汽车在未来仍然是销量主力。

(2)传统企业和新兴企业共存

美国新能源汽车产业的繁荣是传统汽车企业和新兴汽车企业共同缔造的结果。美国新能源汽车产业始于通用、福特等传统汽车企业,但由于新能源汽车的内部构造和技术特点与传统燃油车相比差距较大,传统汽车企业需要转型升级,后期发展缓慢;真正使产业发展壮大的是新兴汽车企业。2003 年,特斯拉公司成立,并迅速成长为美国新能源汽车产业的领军企业,其市场占有率远超其他企业,将新兴企业的后发优势展现得淋漓尽致。之后新兴企业如雨后春笋般出现:2007 年专注于纯电动豪华汽车的菲斯科汽车公司(2014 年被中国万向集团收购)成立,2008 年专注于纯电动跑车的 Lucid Motors 汽车公司成立,2014 年专注于纯电动赛车的法拉第未来汽车公司成立,2016 年专注于新能源卡车的 Nikola Motor 成立。美国新兴汽车公司无一例外是新能源汽车企业,他们掌握了完全不同于传统汽车企业的新技术,优势明显;与此同时,传统汽车企业同样不甘落后,通用、福特近年开始加快推出新能源汽车产品,克莱斯勒公司开始进入新能源汽车产业,与新兴企业争夺市场。美国已经形成传统企业和新兴企业共同竞争、共同发展的新局面。

(3)与电子信息产业深度融合

美国是全世界最早发展电子信息产业的国家,早在建国之初就已经开始探索相关领域。18 世纪中后期本杰明·富兰克林就开始进行电学的相关实验。为了对电进行探索,他曾经做过著名的“风筝实验”,并发明避雷针,在电学上成就显著;他为了深入探讨电运动的规律,创造的许多专用名词,如正电、负电、导电体、电池、充电、放电等都已成为世界通用的词汇;他还提出了电荷守恒定律。富兰克林是美国电学领域的先驱。19 世纪中后期还是美国电学领域和电力产业的集中爆发期,涌现出众多发明家和成果。除了硬件,美国在计算机软件和互联网方面同样处于领导地位。

美国的电子信息产业虽然强大,但早期的燃油车大部分是机械部件,行车电脑(ECU)、ESP等电子设备可以由零部件企业生产,然而,电子信息产业与汽车产业几乎不相关,基本处于各自独立发展的状态。谷歌作为互联网企业的先驱,早在20世纪初就开始投身于无人驾驶电动汽车的研发,但进展缓慢。2012年6月上市的特斯拉 Model S以其独有的自动驾驶和OTA远程升级系统功能惊艳亮相,智能网联汽车的概念第一次进入大众视野,此后无论是芯片企业还是互联网企业都积极投身于此:Google在2012年5月就领到了内华达州机动车驾驶管理处颁发的合法车牌,这是全球首张无人驾驶牌照;英特尔在2017年3月全资收购以色列自动驾驶芯片企业 Mobileye,进军电动汽车的自动驾驶领域,服务对象包括宝马、日产、大众、通用等国际大型整车企业;英伟达于2018年开始进入自动驾驶领域,目前已经与数家中国新能源汽车企业达成合作;2020年6月亚马逊收购自动驾驶公司 Zoox,正式进军自动驾驶领域,2020年12月发布旗下首款全自动驾驶电动汽车 Zoox Robotaxi;苹果公司已经潜心研发纯电动汽车长达数年,首款纯电动汽车有望于2022年推出。美国电子信息产业与新能源汽车产业的融合发展日趋加深。

(4)积极拓展海外市场

美国幅员辽阔,人口基数大,人均收入高,人们普遍有能力购买汽车进行远距离通行,汽车需求量明显高于其他国家。2019年美国人均汽车保有量达到每千人837辆,高居全球第三。美国的汽车总销量长期排在全球前两位,国内市场对本土汽车产品的消化率极高,新能源汽车市场同样适用。但即便如此,新能源汽车企业仍然积极开拓海外市场,特斯拉就是个典型的例子。在成立之初,特斯拉就确立了其全球市场同步发展的战略路线,对美国和其他国家采取相同的市场策略,并积极在海外建立工厂以降低成本,以期更好地销售。早在2013年,特斯拉就在荷兰建立工厂并投产。2019年年底,特斯拉位于中国上海的工厂正式建成并投产;2020年年初,中国生产的 Model 3开始交付,之后销量开始扶摇直上。2020年 Model 3在中国的总销量近14万辆,最终摘得中国新能源汽车销量桂冠，同比增长近3倍，创下在中国的销量新高，占特斯拉全球销量的近30%。中国是特斯拉全球第二大市场。特斯拉还拿下另外19个国家的新能源汽车销量冠军，除中国外还包括英国、瑞典、加拿大等主要新能源汽车市场。此外，通用、福特也在积极开拓海外市场，并取得一定效果。

美国新能源汽车近年存在以下一些问题：

(1)品牌发展极不平衡，特斯拉一家独大

美国在发展初期的2012年，新能源汽车市场还是通用、福特、日产、丰田、特斯拉、宝马等传统和新生代企业同场竞技、群雄逐鹿的混战场面，其间虽有过个别企业销量排名发生变化的情况，但各家企业的占有率相差不大，市场处于良性竞争的态势；但2015年9月特斯拉首款SUV——Model X的发布上市开始悄然改变这一现状。特斯拉虽然在2015年获得美国新能源汽车销量冠军，市场份额超20%，但仅有Model S一款车型，略显单薄，与日产、福特等其他车企的销量没有拉开距离。Model X的推出使特斯拉不再是靠Model S单一车型独自支撑的企业，其上市后销量便一路飙升。2016年特斯拉蝉联美国新能源汽车销量冠军，这一年Model S再次摘得车型销量冠军的桂冠，而上市仅1年多的Model X便拿到销量季军，两款车型合力售出46750辆，市场份额达到29.5%；特斯拉与其他品牌的差距开始拉大，王者地位开始显现。同年4月，特斯拉旗下Model 3的发布成为美国新能源汽车市场走向的重大转折点。作为特斯拉首款紧凑型轿车，Model 3售价仅3.5万美元起，远低于Model S和Model X超过6万美元的起售价；特斯拉将其作为未来的主力车型销售；特斯拉总部和主要工厂所在的加利福尼亚州政府甚至给予其每辆最高7500美元的高额补贴，使Model 3的售价低于3万美元。2017年特斯拉蝉联美国新能源汽车销量冠军，但份额稍微下滑至25%以下，主要是由于在售的两款车型价格较高，销量增长缓慢；同年7月，Model 3开始交付，但由于初期产能受限，销量较低，2018年之后产能逐步上升，销量开始突飞猛进。2018年Model 3在美国售出近14万辆，首次获得销量冠军,并且遥遥领先其他车型,而 Model S 和 Model X 的销量分列第三和第四位,特斯拉的所有车型全部进入销量前五,全年在美总销量达到 19.16 万辆,同比增长近 3 倍,创历史新高。得益于特斯拉的优异表现,美国 2018 年新能源汽车销量同比大涨 80.8%,达到 36.13 万辆,创历史新高,其中特斯拉销量占美国新能源汽车总销量的 53%,市场份额超过一半,再创新高。美国市场已经形成特斯拉一家独大的局面。凭借在美国市场的强势表现,特斯拉 2019 年全球销量高达 36.78 万辆,同比大涨 50%,首次夺得全球新能源汽车销量冠军;2020 年再次以 49.95 万辆销量蝉联全球新能源汽车销量冠军。除销量屡创新高之外,特斯拉在资本市场同样表现抢眼。2020 年 6 月 11 日特斯拉市值达到 1901.22 亿美元,成为当日全球市值最高的汽车企业,这是新能源汽车企业登顶车企市值最高点,超过大众、丰田、通用、日产等九大传统汽车企业市值总和,一时间风光无两。

特斯拉近年发展迅猛并帮助美国市场整体快速增长,但其近乎垄断市场的失衡现象也为之后的产业整体发展埋下隐患。2018 年美国新能源汽车市场除特斯拉之外的其他品牌总销量同比增长仅为 11.3%,远远低于特斯拉和市场整体增速。市场过分依赖特斯拉,单个品牌销量的涨跌已经影响到整体表现。果不其然,2019 年美国新能源汽车市场风云突变:Model 3 销量仍然同比增长,但增速明显放缓,仅为 13.7%,Model S 和 Model X 的销量分别大幅度下滑 45% 和 26%;特斯拉 2019 年在美国总销量为 19.23 万辆,同比微增 0.3%,几乎是停滞不前,但仍然占据美国 2019 年新能源汽车总销量近 60% 的市场份额,占有率反而创新高;反观其他品牌销量下降更为严重,直接导致美国新能源汽车销量仅为 32.95 万辆,首次出现下滑。2020 年特斯拉美国销量首次超过 20 万辆,占美国电动汽车销量的比重首次超过 60%,达到 61.1%,销量和市场份额双双再创历史新高;然而在特斯拉业绩屡创新高的同时,美国新能源汽车总销量却再次下滑至 32.8 万辆,美国新能源汽车市场过分依赖特斯拉的弊端开始显现。

相对于特斯拉的迅猛发展，美国其他汽车企业的表现不尽如人意，作为全球最早涉足新能源汽车领域的企业，通用在新能源汽车市场发展初期势头良好，凭借雪佛兰 Volt 插电式混合动力汽车在 2012—2014 年连续 3 年夺得美国新能源汽车销量冠军，市场地位无人撼动。但 2015 年之后市场形势突变，特斯拉 Model S 和日产聆风销量快速上升，均超过雪佛兰 Volt；2016 年 Volt 销量回升，拿到年度新能源汽车销量亚军。2016 年年底，通用推出雪佛兰 Volt 后续车型 Bolt，正式改为插电式纯电动汽车，2017 年 Bolt 就拿下当年的销量亚军；通用欲卷土重来，但 2017 年下半年上市的特斯拉 Model 3 凭借出色的产品力一举占领市场，其他车型全都难以望其项背，通用 Bolt 再次败下阵来。除通用外，福特同样涉足新能源汽车领域，但旗下的 C-Max 和 Fusion 系列插电式电动汽车的销量一直不温不火。克莱斯勒在新能源汽车领域甚至完全是空白，这与其近年整体的低迷表现有直接关系。克莱斯勒曾在 20 世纪上半叶与通用、福特激烈争夺市场，占有率紧跟其后，三个企业并称美国三大汽车企业。20 世纪 70 年代之后克莱斯勒发展开始放缓，内部问题重重，产品竞争力不佳；20 世纪 90 年代开始经营不善，出现严重亏损。出于共同抵御东南亚金融危机、低成本扩张的目的，1998 年 5 月，克莱斯勒与戴姆勒—奔驰正式宣布合并成立戴姆勒克莱斯勒公司，成为当年全美第二大汽车生产商、世界第五大汽车生产商。但仅仅 9 年之后的 2007 年 10 月，两家公司正式终止合并。之后克莱斯勒公司经营每况愈下，2009 年 4 月正式申请破产保护；2014 年 10 月克莱斯勒与菲亚特正式合并，成立 FCA 集团，成为当年全球第六大汽车企业，克莱斯勒起死回生。2020 年 1 月 FCA 集团又与 PSA 集团合并，成立 Stellantis 集团，但克莱斯勒已经失去了新能源汽车发展的黄金十年，目前新能源汽车业务举步维艰。至此美国三大传统汽车公司在特斯拉的打压下毫无还手之力，未来美国的新能源汽车产业的不平衡态势将进一步加剧。

(2)新能源商用车发展落后

与德国和日本的情况类似,由于本土缺乏动力电池制造商,美国的新能源商用车同样发展严重滞后于乘用车。目前美国在售的本土新能源汽车几乎全部为乘用车产品,商用车市场基本是空白,本土企业毫无竞争力。美国为了实现节能减排的目标,大力进行纯电动客车和专用车的推广,但由于本国并不生产此类车辆,只能进口其他国家的汽车,于是中国比亚迪生产的纯电动客车目前已经占据美国 80% 的市场,垃圾清运车、渣土车等专用车辆同时开始占领当地市场。2017 年 10 月比亚迪位于加州兰开斯特的美国首家独资工厂开始投产,旨在进一步降低生产成本,扩大其在美国新能源商用车市场的占有率。面对这一窘境,美国本土企业开始作出改变:特斯拉于 2017 年 11 月公布旗下首款商用车——纯电动卡车 Semi,空载状态下的百公里加速时间仅 5s,续航里程将近 1000km,对比同价位的燃油卡车优势明显,极具竞争力。2019 年 11 月,特斯拉又推出旗下首款纯电动皮卡 Cybertruck,其科幻的外形令人印象深刻,而最快 2.9 秒的百公里加速时间再一次刷新人们对皮卡性能的认知,超过 700km 的续航已经超过大部分燃油皮卡,不到 4 万美元的起售价也极具性价比。这两款商用车在不久的将来会陆续量产并上市(截至 2021 年 11 月底,尚未上市),届时会大幅度提升本土品牌新能源商用车在市场的占有率。

(3)新能源汽车补贴退坡影响销量

美国在 2009 年 7 月开始实行新能源汽车补贴政策,是全球最早实施新能源汽车补贴政策的国家之一,其目的是让消费者以更节能的汽车取代高能耗汽车;这一健全的政策体系日后被其他国家纷纷效仿。美国初期的补贴力度之大前所未有、令人咋舌,购车补贴金额最高可以达到 4500 美元,减税金额最高甚至达到 8000 美元;由于只有能耗的要求,并不限制补贴金额占售价的比例,甚至出现某些廉价车型的补贴比例超过 50% 的情况,消费者和企业都从中受益匪浅,使得新能源汽车销量增长惊人。2011 年全美新能源汽车销量同比猛增近 50 倍;2012 年增速大幅下降,但也达到了两倍以上,之后的销量增长趋于稳定。美国新能源汽车补贴政策从 2014 年开始出现变化。由于政府财政支出负担日渐加重,部分州的新能源汽车地方补贴开始逐年减少。2018 年,由于自身经济形势严峻和国际贸易摩擦等因素,财政已经不堪重负,再加上美国政府已经为新能源汽车的推广应用累计投入超过 400 亿美元,政府开始考虑全面取消新能源汽车补贴政策。提案遭到相关汽车企业的集体反对,最终没有通过,但新能源汽车补贴逐年退坡的趋势不可避免,而这一事件也间接影响了新能源汽车市场。2019 年和 2020 年美国新能源汽车销量连续两年出现下滑,而受到新能源汽车补贴退坡的持续影响,未来美国新能源汽车市场形势依然不容乐观。

2. 加拿大

加拿大是高度发达的资本主义国家,人类发展指数极高,并在 1994—2000 年连续 7 年位居全球人类发展指数榜首,在教育、政府的透明度、社会自由度、生活品质及经济自由等方面的国际排名也都名列前茅。2020 年加拿大 13 家企业上榜世界 500 强,数量排名全球前列。加拿大工业较为发达,汽车产业是支柱产业之一,通用、福特、丰田、本田、比亚迪等国际大型汽车企业均在此设立工厂。截至 2019 年年底,境内拥有超过 450 家汽车整车及零配件生产企业,约 1250 家工厂,从业人员超过 11 万人。加拿大虽然没有本国的整车生产企业,但在全球汽车零部件产业占有一席之地,其中本土最大的汽车零部件企业——麦格纳是享誉全球的行业巨头:2019 年营业收入 394 亿美元,排名全球汽车零部件企业第五,产品包括内饰系统、座椅系统、闭锁系统、镜像系统、外饰系统、车顶系统、电子系统、金属车身与底盘系统等,在全球汽车零部件产业占有重要地位。加拿大是汽车消费强国,2019 年人均汽车保有量为每千人 670 辆,高居全球第四;但由于人口较少,仅有不到 3800 万人,汽车总销量不高。2019 年加拿大汽车总销量为 197.59 万辆，排名全球第十，与 GDP 排名基本相符；加拿大新能源汽车销量为 5.1 万辆，排名全球第八，属于推广普及较好的国家。加拿大政府近年持续加大对新能源汽车的推广普及力度，取得了不错的成效，但仍然存在以下一些问题：

(1)过于依赖美国新能源汽车产品

加拿大没有本土的新能源整车品牌，新能源汽车市场全部为外资品牌。但不同于挪威、荷兰等同样以外资品牌新能源汽车产品为主的国家，加拿大由于与美国接壤，经济、军事、科教实力与美国差距较大，所以长期奉行追随美国的发展战略，新能源汽车市场亦如此。加拿大对从美国进口的汽车长期给予 2.5% 的超低关税，这一政策使美国品牌的新能源汽车销量占据绝对主力。2019 年加拿大最畅销的新能源汽车排行榜中，特斯拉 Model 3、雪佛兰 Bolt 和特斯拉 Model S 分列前三名，全部为美国品牌。特斯拉 2019 年国家地区的销量统计中，加拿大销量占其全球总销量的 4.2%，仅次于美国本土市场和中国市场。特斯拉同样非常重视加拿大市场，已经部署了超过 100 座超级充电站，数量仅次于美国和中国，位居全球第三；此外，通用 Bolt、福特福克斯 EV 等新能源车型在加拿大也处于长期畅销态势。加拿大的进口政策和市场现状使本国消费者花费更少也同时更方便地享受到美国的新能源汽车产品，但过分依赖美国品牌同时也使消费者失去了接触其他国家优秀产品的机会。

(2)新能源汽车零部件产业落后

加拿大虽然没有大型整车生产企业，但是有麦格纳这样在全球汽车零部件产业占有重要地位的汽车零部件制造巨头。不过中国、美国、德国、日本等国同时存在整车产业和汽车零部件产业，双方已经形成相对完整的产业链，相辅相成共同促进发展。加拿大本土由于没有整车产业，汽车零部件企业只能与外资品牌进行合作；但由于新能源汽车的工作原理、技术路线和内部结构与传统燃油车差异较大，需要产业链的相关企业协调发展提高技术水平和产品质量，加拿大汽车零部件企业与外资企业在新能源汽车领域的合作存在诸多客观障碍,发展劣势明显。目前极大部分的加拿大汽车零部件企业都没有涉足新能源汽车领域。直到2019年麦格纳才开始与相关企业合作,但已经晚于其他汽车零部件企业数年,发展前景不明朗,且在未来将会长期处于落后的位置。

3. 墨西哥

墨西哥是经济大国和全球新兴经济体,近年经济快速发展。2019年墨西哥GDP约为1.26万亿美元,排名全球第15位,人均GDP超过1万美元,已经迈入中等发达国家行列。近年墨西哥毒品犯罪和社会治安问题严重,导致其经济增长速度放缓。墨西哥是传统农业国,是玉米、番茄、甘薯和烟草的原产地,工业门类较为齐全,石化、电力、矿业、冶金和制造业较发达。墨西哥于1992年8月与美国和加拿大签署《北美自由贸易协议》(NAFTA),北美洲三大经济体相互间的贸易往来由此更加自由和方便。墨西哥作为发展中国家和新兴经济体,是该协议最大受益者,汽车产业受此协议的惠顾发展尤为迅速。墨西哥本土汽车工业基础薄弱,国内没有大型的整车和零部件企业,于是政府通过引进国际大型汽车企业来国内设立工厂以推动本国汽车产业的发展。目前通用、大众、日产、FCA等企业均在墨西哥设立工厂;受益于此,墨西哥汽车产量逐年提升,从2010年的234.22万辆持续快速增长,2019年汽车产量已经达到398.68万辆,排名全球第六,突破400万辆指日可待。墨西哥本土同年的汽车销量仅为135.97万辆,消化率不足一半,市场规模有限。得益于《北美自由贸易协议》的减免关税和便利通关政策,墨西哥超一半的汽车出口到美国和加拿大,汽车产业的繁荣发展为墨西哥创造了大量的外汇收入和就业岗位。由于墨西哥没有本土汽车企业,所以其在技术创新和发展战略方面完全没有自主权,只能依靠外资品牌。相对于传统燃油车,新能源汽车需要大量的新技术和新工艺,墨西哥以代工生产为主的汽车产业显然不具备更新换代的技术,新能源汽车产业发展极其缓慢,几乎是停滞不前:2010—2015 年墨西哥市场仅售出 26 辆纯电动汽车。2016 年由于首都墨西哥城及周边地区空气污染加剧,政府频繁启动空气污染警报,并开始严格限制燃油车的出行,而史上最严的限行政策把新能源汽车排除在外,使丰田、宝马、日产等品牌的新能源汽车销量激增;但因为空气污染而执行的临时通行政策只能在短期内促进新能源汽车的销量,并不能使其销量长期持续增长,墨西哥新能源汽车产业发展还有很长的路要走。

七、大洋洲新能源汽车产业发展分析

大洋洲位于太平洋西南部和南部的赤道南北广大海域中，在亚洲和南极洲之间，西邻印度洋，东临太平洋，并与南北美洲遥遥相对。大洋洲有十几个独立国家，各国经济发展水平差异显著：澳大利亚和新西兰是发达国家，其他岛国多为农业国，经济较为落后；工业也主要集中在澳大利亚，其次是新西兰。大洋洲 2018 年 GDP 总量仅为 1.653 万亿美元，排名各大洲末位，但因为人口占比近 90% 的澳大利亚和新西兰两国的人均 GDP 较高，大洋洲的人均 GDP 达到了 4.03 万美元，仅次于北美洲，为各大洲第二高。大洋洲的汽车工业较为薄弱，主要集中在澳大利亚。近年澳大利亚和新西兰都在积极推动新能源汽车的普及应用，取得了一些成效。

（一）澳大利亚

澳大利亚农业和采矿业发达，优势明显，农牧业用地 3.8 亿公顷，占全国土地面积的 50%，主要农作物为小麦、大麦、棉花、高粱等，主要畜牧产品为牛肉、牛奶、羊肉、羊毛、家禽等。农牧业产品的生产和出口在国民经济中占有重要位置。澳大利亚是全世界最大的牛肉和羊毛出口国，矿产资源、石油和天然气同样丰富，矿产资源至少有 70 余种，其中铝土矿和铁矿储量居世界首位，铝土储量占世界总储量的 35%。澳大利亚是世界上最大的铝土、氧化铝、钻石、铅、钽生产国，第二大铁矿石生产国，黄金、煤、锂、锰矿石、镍、银、铀、锌等的产量同样居世界前列；同时澳大利亚还是世界上最大的烟煤、铝土、铅、钻石、锌及精矿出口国，第二大天然气、氧化铝、铁矿石和铀矿出口国，第三大铝和黄金出口国。澳大利亚的主要大型企业都与优势产业相关，其中西农集团为澳大利亚最大企业，涉足零售、煤矿、农产品等领域；必和必拓集团主要经营石油和矿产，是澳大利亚第四大企业，全球铁矿石三巨头之一。澳大利亚被称为“骑在羊背上的国家”和“坐在矿车上的国家”。

相对于农业和采矿业，澳大利亚的制造业发展水平一般，其中汽车制造业曾是其引以为豪的支柱产业，也是把澳大利亚转型成为真正经济强国的重要力量之一。霍顿汽车曾是国内最大的汽车公司，在澳大利亚汽车发展历史上有着极其重要的地位。霍顿汽车公司创立于 1856 年，总部在墨尔本市，1918 年公司首次为顾客设计制造车身，此后渐渐涉足汽车制造行业。1931 年通用澳大利亚公司与霍顿公司合并，成立通用—霍顿公司；1936 年新公司在墨尔本设立总部及生产、服务、销售等各个部门，开始了在澳大利亚汽车生产的迅猛发展；1948 年霍顿开始生产自己的车型，澳大利亚历史上第一辆本土轿车 48 –215 于当年下线；从此霍顿成为澳大利亚汽车工业的代名词。2003 年之前，霍顿汽车一直是澳大利亚汽车市场的最大份额占有者，但是由于人力成本、生产成本等种种问题，霍顿在之后的发展中逐渐失去了竞争优势。眼看经营每况愈下，霍顿于 2013 年 12 月宣布将不再生产自有品牌的汽车，美国通用公司随后宣布，将终止霍顿整车和发动机的制造，同时逐渐裁减员工。霍顿最终在 2017 年 10 月 20 日完全停止生产，而这一天也宣告着澳大利亚本土汽车产业的终结。除本土企业外，外资品牌如丰田、福特、三菱等在澳大利亚设有工厂。澳大利亚超高的时薪同样使外资品牌工厂不堪重负，经营状况堪忧。2016 年 9 月，福特在澳大利亚吉朗工厂生产了最后一台发动机后宣布关闭，澳大利亚汽车制造业今后的发展前景暗淡。

不同于制造业，澳大利亚汽车消费市场持续繁荣。由于人均收入极高，加之幅员辽阔、公共交通不完善，汽车成为普通居民的必备交通工具。澳大利亚人均汽车保有量位居全球最前列。2019 年澳大利亚汽车销量为 103.44 万辆，每千人汽车保有量高达 747 辆，高居全球第四，是超过 100 万汽车销量的国家中人口最少的国家。澳大利亚由于已经没有本土品牌，汽车市场全部为外资品牌，近年日本和韩国汽车品牌占据主流市场。澳大利亚新能源汽车市场起步较晚，普及率较低，是世界范围内电动汽车销量增长速度最慢国家之一。2018 年澳大利亚电动汽车销量约占新车销售总量的仅 0.2%；2019 年澳大利亚电动汽车销量虽然略有增长，但仍然仅卖出约 4400 辆，仅占同年新车总销量的约 0.4%，与其他发达国家的差距巨大。澳大利亚新能源汽车推广普及缓慢主要受三大因素阻碍：

（1）恶劣的外部使用环境

澳大利亚虽然人类发展指数极高，人居环境极佳，但这仅限于沿海地区。目前澳大利亚的 6 个州和 2 个领地的 8 座首府所在地全部位于沿海地区，广袤的中部绝大部分地区不适合人类居住；澳大利亚约 70% 的国土属于干旱或半干旱地带。澳大利亚有 11 个大沙漠，它们约占整个大陆面积的 20%。澳大利亚是地球上最平坦、最干燥的大陆，能用于畜牧及耕种的土地只有约 260000km^2，主要分布在东南沿海地区。较大的国土面积使不同城市之间的距离较远，西部的珀斯到东部的悉尼的距离甚至超过 3000km；汽车便成为长途通行的主要交通工具。但澳大利亚高速公路的公共充电设施建设严重不足，使得依靠公共充电桩才能长途行驶的新能源汽车完全无法使用。恶劣的自然环境和不完善的充电设施导致新能源汽车几乎无人问津。

（2）新能源汽车产业发展政策缺失

目前全球主要新能源汽车发展国家都有相对完善的产业扶持政策，其中最重要的是购车补贴政策，因为补贴政策可以直接提高新能源汽车的产品吸引力、拉动消费，而这在产业早期的发展中起到至关重要的作用。新能源汽车作为新兴产业,是典型的政策导向型产业。与其他国家不同,澳大利亚政府至今都未曾制定任何补贴政策。目前澳大利亚在售价格最低的5款电动汽车的价格在4.4万—6.4万澳元,与价格最低的起价不到1.5万澳元的燃油车相比依然高出不少,在没有补贴的情况下完全不具备竞争力,销量惨淡。

(3)使用成本几无优势

众所周知,新能源汽车的使用成本远低于燃油车,但前提是电价和油价都处于相对合理正常的范围。澳大利亚不同于其他国家,电力价格和燃油价格体系比较特殊。澳大利亚电价在2015年之后快速上涨,2019年的电价为0.27美元/(千瓦·时),已经进入全球电价最高的前十国家行列;另一方面,澳大利亚的汽柴油价格普遍在1.2—1.4澳元/升,相对于澳大利亚极高的人均收入来说处于较低水平。澳大利亚纯电动汽车本身售价较高,再加上较高的电价,购车和买车成本几乎没有优势可言。近年政府开始意识到这一问题,积极投身于新能源汽车的推广普及。公共交通领域方面,澳大利亚政府近年开始采购纯电动客车,替代老旧的燃油车辆:2016年8月,澳大利亚首支纯电动大巴车队在悉尼国际机场成立,全部为比亚迪K9纯电动客车;此后,比亚迪纯电动客车又陆续交付给首都堪培拉和第三大城市布里斯班。2019年,比亚迪又交付200辆纯电动卡车,这是澳大利亚最大的纯电动汽车交付订单。2020年,沃尔沃纯电动客车开始进入澳大利亚市场。2021年2月比亚迪与澳大利亚电动客车制造商Nexport宣布建立电动汽车工厂,计划在澳大利亚销售比亚迪品牌电动汽车。除整车的推广普及外,澳大利亚政府还积极推动公共充电桩的建设。2013年,澳大利亚最大的充电桩制造企业——Tritium公司就发布了首款电池汽车专用充电桩,并在之后与地产开发商、大型零售商合作,陆续在悉尼、墨尔本等城市的居民社区和购物广场建立公共充电桩,以此吸引消费者购买新能源汽车。

（二）新西兰

新西兰农业高度发达，机械化程度极高，农牧产品出口占其出口总量的50%以上，鹿茸、羊肉、奶制品和粗羊毛的出口量皆为世界第一，其中粗羊毛产量占世界总产量的1/4。相对于农业，新西兰的工业起步较晚。20世纪50年代，新西兰工业才开始迅速发展。如今，新西兰经济已经成功地从以农业为主转型为具有国际竞争力的工业化市场经济。出于保护环境和自身经济规模的考虑，新西兰以发展轻工业为主，同时结合农业优势，主要发展乳制品、毛毯、食品、皮革、造纸和木材加工等产业，产品主要供出口。新西兰乳制品加工业最为发达，最大企业——恒天然——的主营业务就是乳制品生产，该企业常年排名全球乳制品企业前五。新西兰缺乏重工业，交通工具、机械装备、电子产品等工业品需要完全进口。新西兰汽车工业发展一片空白，但却是汽车消费强国。2017年新西兰全国汽车保有量超过330万辆，人均汽车保有量高达每千人712辆，排名全球第八。国内汽车全部为进口汽车，主要以日本和韩国的二手汽车为主。新西兰近年在新能源汽车的推广普及效果不佳，主要在以下两个方面存在障碍：

（1）汽车市场规模过小，发展前景堪忧

新西兰虽然人均汽车保有量位居全球前列，但由于人口过少，整体市场规模较小。2019年新西兰汽车销量为15.45万辆，甚至不如中国一座城市的汽车销量，并且相当一部分为从日本和韩国进口的二手车，新车销量更少。即使新西兰新能源汽车销量占比能达到挪威这样的高比例，新能源汽车销量仍然仅为10万辆左右。2019年新西兰新能源汽车销量仅为2000辆左右，占汽车总销量的比例不到2%，占全球新能源汽车销量不到0.1%，几乎可以忽略不计。新西兰的新能源汽车市场规模短期内不会出现太大变化，发展前景堪忧。

(2)新能源汽车产业发展政策缺失

新西兰与澳大利亚类似，同样没有新能源汽车的相关产业扶持政策。新能源汽车补贴政策的缺失使一些新能源汽车品牌开始撤出新西兰市场。由于销量未达预期，2015 年 11 月日产停止旗下纯电动汽车聆风在新西兰市场的销售；这主要是因为日产聆风在新西兰的售价过高。日产聆风在新西兰的起售价为 4 万新西兰元(约合 2.7 万美元)，而同期其在英国补贴后的售价约为 2.37 万美元，在日本本土补贴后的售价仅为 2.35 万美元，都要比新西兰的起售价低 3000 美元以上。日产聆风在新西兰较高的起售价使其市场竞争力大降，对汽车价格敏感的工薪阶层消费者对这款车型了无兴趣，导致其销量惨淡。目前新西兰在售的新能源汽车仅剩 10 款左右，且起售价都在 2 万美元之上，市场增长缓慢。

新西兰虽然在新能源汽车推广普及方面仍然困难重重，但近年政府已经开始采取措施推动新能源汽车对传统燃油车的替代。公共交通领域方面，政府开始大力推广纯电动客车：2017 年 11 月，来自中国中车集团的新西兰首辆纯电动客车上路；2018 年 4 月，比亚迪 K9 纯电动大巴登陆最大城市奥克兰，组建了新西兰首支纯电动大巴车队。此外，新西兰还在探索电动汽车租赁模式，南岛最大城市克莱斯特彻奇市议会牵手 Yoogo 公司联合推出共享电动汽车服务，首批投放车辆包括宝马 i3 和现代 KONA 纯电动汽车。新西兰新能源汽车发展空间巨大。

八、南美洲新能源汽车产业发展分析

南美洲国家由于长期受殖民地式经济与大地主土地所有制制度的影响,独立后并未出现经济腾飞的现象,现都为发展中国家(阿根廷曾为发达国家)。大地主土地所有制因大地主生产规模大、收入多,小农户则竞争力弱、生活贫困,社会贫富差距较大。同时,殖民时期为避免与殖民母国利益相抵触,南美洲工业发展受限,仅能输出廉价的农、牧、矿等原料;出口的工业产品由于受到殖民地式经济影响,以出口第一级产品为主。单一化的产品易受国际价格波动影响,使南美洲经济不稳定,且不少国家应国际市场需求而多种植经济作物,使得粮食依赖进口,农业发展失衡。南美洲各国经济发展水平和经济实力相差悬殊,巴西和阿根廷为经济最为发达的国家,加上委内瑞拉、哥伦比亚、智利和秘鲁,六国国内生产总值占南美洲生产总值的90%以上。各国现代经济都高度集中在少数大城市或沿海地区,山区和边远地区经济落后。2018年南美洲GDP约为3.599万亿美元,排名各大洲第四,人均GDP仅为8490美元,没有达到世界平均水平。虽然南美洲都为发展中国家,整体发展水平不高,但各国发展水平仍然差异较大。发展水平最高的乌拉圭同期人均GDP超过1.7万美元,高于全球人均GDP,已经达到初等富裕国家水平;而人均GDP最低的圭亚那刚刚超过5000美元。为促进地区共同发展,南美洲各国于2004年12月8日成立南美洲国家联盟,简称南共体,成员包括南美洲12个国家。南美洲工业以采矿业和制造业为主,采矿业是各国的基础部门。南美洲矿产资源丰富,智利是全球铜和锂储量最大的国家,也是全球最大铜生产国。南美洲国家的大部分矿产供出口:委内瑞拉、阿根廷、厄瓜多尔、秘鲁等国出口石油;巴西、委内瑞拉、智利出口铁;玻利维亚出口锡和锑;智利、秘鲁出口铜;圭亚那、苏里南出口铝土;秘鲁出口铅、锌、银、铋;智利出口硝石和钼;巴西的铌产量和出口量占据全球重要地位。轻工业为南美洲多数国家制造业的主体,肉类加工、制糖、饮料、皮革、纺织、服装等部门较为发达,钢铁、汽车、橡胶、电器、机械等重工业集中在巴西、阿根廷、委内瑞拉、智利、秘鲁、哥伦比亚等国家。

南美洲的汽车工业发展较晚、基础薄弱,主要集中在巴西和阿根廷两国。南美洲至今没有大型的本土整车和零部件企业,以代工生产大型外资汽车企业的整车和零部件为主,其中巴西作为南美洲最大的汽车生产国,近年产量持续增长,目前汽车产量已经稳居全球前十。南美洲由于没有本土大型汽车企业,汽车核心技术匮乏,新能源汽车技术发展基本停滞不前。由于整体经济发展水平不高,人均收入有限,加之配套设施建设严重不足,新能源汽车不论是研发水平还是市场规模都较为有限。但巴西、阿根廷等国正在积极探索发展道路,南美洲新能源汽车产业发展潜力巨大。

(一)巴　西

巴西汽车工业从一开始就呈全面开放形态。早在 1919 年福特公司就已经在巴西设厂装配福特汽车,1925 年通用进入巴西,1926 年美国万国收割机公司进入巴西,1928 年菲亚特进入巴西。1953 年以前,巴西每年进口汽车 10 万辆,为外汇收支平衡带来沉重负担。巴西政府曾经被迫限制汽车进口,但汽车的消费需求迫使巴西政府另觅出路。1956 年,在 1953 年限制整车进口的前提下,政府允许进口国内无法生产的零部件,允许全散件组装模式进口;在此政策的感召下,跨国公司纷至沓来,包括大众、奔驰、萨博、丰田等。那段时期进入巴西的全球汽车巨头的生产模式均为组装，零部件完全从外部进口。1956 年，巴西本土生产出第一辆汽车 Romi Isetta，其为意大利 Isetta 公司与巴西 Romi 公司合资生产的车型；之后丰田、大众、菲亚特等企业先后在巴西建立工厂生产汽车。到 20 世纪 90 年代，巴西汽车市场完全打开，全球各大汽车企业将其视为世界上最有潜力的市场之一，纷纷来此投资建厂。目前 90% 以上的全球大型汽车企业均在巴西设有工厂，巴西的汽车产量开始快速增长，迅速成为全球主要汽车生产国。2013 年巴西汽车产量已经达到 374 万辆，位居全球第七，之后稍有起伏；2019 年巴西汽车产量为 294. 5 万辆，位居全球第八。巴西虽然汽车产量较高，但本土汽车工业不强。巴西目前仅有 Aqrale 和 TAC 这两家本土汽车企业，并且技术实力较弱、市场占有率低。巴西同样是汽车消费大国，汽车销量常年排名全球前列。2019 年巴西汽车销量达到 278. 78 万辆，排名全球第六。巴西人均汽车保有量达到每千人 249 辆，高于全球平均水平，处于发展中国家前列。

巴西虽然汽车产量和销量都处在全球前列，但由于缺乏本土大型汽车企业，在推动汽车技术发展方面劣势明显，新能源汽车领域几乎是停滞不前。巴西的新能源汽车市场至今都没有形成规模，销量较低，与其汽车销量大国的地位十分不相符。近年巴西政府从公共交通和公务用车领域率先开始，积极推进新能源汽车的推广普及，特别是与比亚迪建立了紧密的合作关系。比亚迪从 2012 年进入巴西市场至今已将众多零排放交通产品投放当地市场，包括纯电动大巴、出租车、客车、叉车以及云轨等。比亚迪 2015 年在圣保罗州坎皮纳斯市建立电动巴士底盘工厂，2017 年 4 月建立太阳能组件工厂，2018 年 7 月将 e 5 和 e 6 纯电动汽车作为巴西圣保罗州地方警卫队专用车交付使用；其与当地企业合资生产的纯电动大巴也已在部分城市上路运营。2020 年 8 月比亚迪位于巴西玛瑙斯市的磷酸铁锂电池工厂正式投产，该工厂是巴西国内首个磷酸铁锂电池工厂。今后巴西的新能源汽车会逐步向乘用车领域转移，发展前景一片大好。

(二)阿根廷

阿根廷农业发达,是世界粮食和肉类重要生产和出口国,素有“世界粮仓和肉库”之称;是全球最大的马黛茶生产国,产量约占世界马黛茶产量的一半以上。阿根廷畜牧业历史悠久,牲畜品种及畜牧水平在世界均占领先地位,畜牧业占农业总产值的约40%,牛肉生产、出口和消费均居世界前列。2019年阿根廷出口牛肉84.49万吨,创近50年新高,是全球第五大牛肉出口国。相比农业,阿根廷工业发展稍逊,但也较为发达,以制造业为主,汽车、食品、医药、炼钢、机械是其支柱产业。汽车工业是阿根廷国内最大的工业部门,其产值占阿根廷工业总产值的近50%。阿根廷汽车工业起步较早,在拉美地区比较发达。1920年,第一家汽车装配厂于阿根廷建立;第一家汽车生产厂于1952年建立在科尔多瓦省,1959年开始批量生产汽车;从此汽车工业成为阿根廷支柱产业之一。阿根廷的汽车工业以代工生产国际大型汽车企业的产品为主,其中对邻国巴西的出口占其总产量的40%左右。为了满足两国进出口的需求,阿根廷与巴西于2006年7月实施汽车共同协定,以促进双方的汽车贸易自由。阿根廷同时还是汽车消费强国,其人均汽车保有量超过每千人300辆,为南美洲最高。2019年,阿根廷售出40.87万辆汽车,是全球汽车销量最多的20个国家之一。但由于缺乏配套设施支持,阿根廷的新能源汽车产业发展情况不容乐观。阿根廷2019年的新能源汽车销量不足3000辆,不到汽车整体销量的1%。近年政府开始意识到新能源汽车对于节能环保的重要性,并开始积极推广。与邻国巴西相同,阿根廷同样先是从公共交通领域着手。早在2011年,阿根廷政府就与比亚迪签署协议,协议约定比亚迪将在阿根廷建立工厂,生产电动汽车及其配件。2017年5月,比亚迪在萨尔塔省的工厂开工建设,阿根廷总统当天宣布零关税进口其生产的新能源汽车。2019 年 3 月,6 辆中通纯电动客车组成的城市公交线路在门多萨省正式投入运营,这是阿根廷国内首条纯电动公交线路;同年 7 月,18 辆比亚迪纯电动大巴交付,组建了阿根廷最大的纯电动大巴车队。2019 年以来,阿根廷政府开始推出新能源汽车免牌照税政策。2020 年 12 月,由中通客车组成的天然气公交线路正式运营,该线路是阿根廷国内首条天然气公交线路。阿根廷的新能源汽车产业正在逐渐步入正轨。

(三)厄瓜多尔

厄瓜多尔是全球最大的香蕉出口国,香蕉出口量和出口额常年位居世界第一,出口量占全球香蕉出口量的约 30%。20 世纪 70 年代随着厄瓜多尔东部亚马孙雨林地区一系列油田的发现,厄瓜多尔的石油产量迅速攀升、石油工业快速发展。厄瓜多尔主要出口原油产品,占全国总出口额的近 60%,是全球为数不多的石油净出口国之一。厄瓜多尔于 2007 年加入石油输出国组织(OPEC),当时是 OPEC 最小的成员国,也是 OPEC 在西半球仅有的两个成员国。但由于不满 OPEC 的原油生产限额,2020 年 1 月厄瓜多尔正式退出 OPEC。目前厄瓜多尔石油出口量仍然位于全球前列。相比于农业和石油工业,厄瓜多尔制造业基础薄弱,几乎没有大型的制造业企业,制造技术和生产工艺落后。厄瓜多尔虽然制造业水平较低,但近年在新兴产业发展方面表现得非常积极,特别是在新能源汽车产业。由于没有本土汽车工业,厄瓜多尔采取引进国际大型汽车企业投资的方式来发展本国的新能源汽车产业。厄瓜多尔是南美洲最早推广新能源汽车的国家之一。2017 年 4 月比亚迪在洛哈交付 30 辆 e 5,组建了厄瓜多尔国内最大的纯电动车队;5 月厄瓜多尔工业生产部与比亚迪签署谅解备忘录,宣布将在当地投资建设纯电动大巴工厂,这是比亚迪继美国、巴西、匈牙利、法国等地之后建设的第五座海外大巴工厂；同年7月厄瓜多尔政府正式发布法律，本国公共交通（政府公务用车）所有新采购车辆将100%实现电动化。厄瓜多尔政府车辆采购办公室每年将采购大约1000辆政府部门用车，目前计划将已经使用5年以上的燃油车全部更换，直至所有公共交通领域（政府用车采购）全部采用电动汽车。厄瓜多尔是南美洲首个提出新能源汽车替代计划的国家。2019年3月，比亚迪向厄瓜多尔最大城市瓜亚基尔交付20辆纯电动大巴，这标志着厄瓜多尔全国首支纯电动大巴车队正式成立。在政府持续的大力支持下，厄瓜多尔的新能源汽车产业未来可期。

九、非洲新能源汽车产业发展分析

非洲由于古代长期实行农奴制,又经历长达数百年的殖民统治以及第二次世界大战,经济、科技、教育、文体等方面一直处在落后位置;虽然在独立之后发展加快,但由于前期发展基础过于薄弱,加之部分国家政局动荡导致经济停滞,目前仍然属于全球发展较落后的地区。全大洲没有发达国家。2019 年非洲人均 GDP 仅为 1840 美元,远低于世界平均水平,是人均 GDP 最低的大洲。2019 年全球人均 GDP 最低的 9 个国家全部为非洲国家。截至 2019 年,联合国认定的全球 47 个最不发达国家中非洲占据其中 33 个,超过总数的 2/3。非洲至今没有世界 500 强企业,是全球唯一一个没有世界 500 强企业的大洲。非洲还存在发展极不平衡的问题:2019 年非洲人均 GDP 最高的塞舌尔达到近 1.7 万美元,已经处于初等富裕国家水平,而南苏丹人均 GDP 仅有 285 美元,两者相差近 60 倍,两极分化严重。与非洲落后经济形成鲜明对比的是其丰富的矿产资源。非洲已探明的矿物资源种类多、储量大,铬、钴、钛、钽、锗、铂、铬、锰、钯、黄金、磷酸盐和金刚石的储量均居世界首位并且占世界总储量的大部分;黄金和金刚石产量居世界首位,白金、铀、铝土、铜、锡及石油和天然气储量也很大;虽有“世界原料库”之称,但由于非洲工业发展水平低,仅可以加工黄金和钻石,无法大规模高精度加工大部分矿产,难以形成高附加值,只能直接出口,非洲最终成为初级的原材料输出地。非洲制造业落后,基础十分薄弱,制造业产值仅占全球制造业总产值的 1% 左右,是制造业产值最低的大洲。汽车工业同样落后,没有本土的大型汽车企业,绝大多数国家汽车工业完全是空白。2019 年,非洲汽车产量和销量均居各大洲末位。南非是主要的汽车生产国和消费市场。由于汽车工业基础薄弱,非洲的新能源汽车产业发展缓慢,仅有南非、埃及等国家涉及。

(一)南　非

汽车产业是南非的支柱产业。1995 年政府通过相关政策,促进南非汽车产业高速发展。2019 年南非汽车工业产值占 GDP 的 6.8%,其中汽车制造业是本国最大的制造业部门。2018 年南非汽车和零部件产量占制造业产量的 29.9%。虽然没有本土大型汽车企业,但是优越的投资环境吸引了全球知名汽车制造业巨头来此投资建厂。德国的大众、奔驰和宝马是最早来南非设立工厂的汽车企业,之后丰田、福特、日产、铃木等企业纷纷而至。2011 年南非正式加入“金砖国家”组织之后与其他成员国在汽车领域的合作进一步加深,中国的一汽、福田等汽车企业相继进入南非建立工厂。南非是非洲汽车工业最发达的国家,2019 年南非汽车年产量达到 63.3 万辆,占全球汽车总产量的 0.69%,排名世界第 22 位,高居非洲各国榜首,占非洲汽车总产量的 60% 以上,其中 39.19 万辆汽车出口,占南非汽车产量的 60% 以上,是本国出口总额的近 15%。南非同时还是非洲最大的汽车消费市场,汽车保有量超过 800 万辆,人均汽车保有量达每千人 174 辆,远高于非洲不到 50 辆的平均水平。2019 年南非汽车销量为 53.66 万辆,占到同期非洲 120 万辆汽车总销量的近一半。但南非在新能源汽车领域的发展略有不足,目前政府尚未推出明确的新能源汽车产业政策,加之匮乏的基础设施,新能源汽车销量惨淡。2019 年南非新能源汽车销量不足 2000 辆,不到汽车总销量的 0.5%;可选的车型非常稀少,目前仅有宝马 i 3 和捷豹 I-PACE 在售,无法满足消费者的多样需求。多数新能源汽车企业对乘用车市场持观望态度。于是,南非政府开始从公共交通方面着手。2016 年 10 月,比亚迪中标开普敦纯电动客车项目，将向开普敦市提供一支由 11 台 12 米低地板电动大巴组成的车队，这会成为南非乃至整个非洲地区的首支电动公交车队。南非在新能源汽车推广方面走在了非洲的最前列。

（二）埃　及

埃及航运业发达。苏伊士运河是全球重要的海运通道，世界海运贸易额的 7% 都是通过这条运河，2019 年为埃及带来超过 50 亿美元的收入。尼罗河是其境内重要的内河运输通道。埃及历史名胜众多，吸引全球各国游客前往，旅游业是其支柱产业，每年为埃及带来大量的外汇收入。相比之下，埃及的工业发展水平一般，以纺织业和食品加工业为主。埃及的汽车工业基础薄弱。埃及政府于 1992 年开始吸引外资汽车企业来此生产汽车，主要以通用、奔驰、宝马、丰田、日产、菲亚特、拉达等企业在境内的工厂生产为主的方式。近年埃及成为中国“一带一路”在非洲的重要节点，中国汽车企业将其作为新的海外重点市场，纷纷来此投资。比亚迪、吉利、长安、上汽等企业先后在埃及设立工厂。目前国内汽车年产量在 20 万辆左右，埃及汽车市场随着工厂的陆续建立开始繁荣。2019 年埃及汽车销量达 17 万辆，仅次于南非，是非洲第二大汽车市场。与此同时，中国汽车企业充分利用自身新能源汽车领域的优势在埃及开拓新的市场。2018 年 1 月，比亚迪中标亚历山大市 15 辆纯电动大巴订单，这是埃及史上首个纯电动大巴订单。2019 年 10 月，北汽福田向埃及首都开罗交付首批 2 辆纯电动公交车。福田与埃及政府签订的 50 辆纯电动公交车订单是埃及电动汽车的最大订单，但埃及目前仍没有明确的新能源汽车产业规划和政策，新能源乘用车市场几乎是空白。埃及今后还需进一步加大力度推动新能源汽车产业的发展。

（三）摩洛哥

摩洛哥紧邻直布罗陀海峡，地理位置优越；磷矿石已探明储量500亿吨，高居世界第一，约占全球磷矿石储量的75%；磷酸盐的产量和出口量同样位居世界首位。摩洛哥磷酸盐集团（OCP）是全球最大的磷酸盐生产商和出口商。摩洛哥西部和北部临海，渔业资源丰富，水产养殖产量居非洲首位；相比之下，摩洛哥的制造业发展水平一般，以纺织业为主。摩洛哥1983年开始实行经济改革，推行企业私有化和贸易自由化；1996年同欧盟签署联系协议后进一步优化经济结构，改善投资环境，加强基础设施建设；2010年同欧盟建立自由贸易区。摩洛哥是非洲汽车工业起步最早的国家之一。1959年在意大利菲亚特汽车集团的技术帮助下，摩洛哥汽车制造公司（SOMACA）成立，负责组装菲亚特品牌和Simca品牌汽车。2005年雷诺公司接手摩洛哥汽车制造公司，由此进入摩洛哥市场。2012年雷诺丹吉尔工厂正式投入生产，成为非洲和阿拉伯地区最大的汽车组装厂，主要生产雷诺品牌低成本汽车；此后，摩洛哥汽车产业开始进入快速发展时期。2014年，雷诺丹吉尔工厂生产22.7万辆汽车，其中90%用于出口。正是同一年，摩洛哥的汽车出口额首次超过磷酸盐，成为其第一出口创汇产业。摩洛哥目前汽车年产量达到25万辆，是非洲第二大汽车生产国。摩洛哥汽车市场同样发展迅速：2014年之前的市场规模一直徘徊在年销量10万—13万辆；2015年之后规模开始快速扩大；2018年汽车销量达到17.74万辆，创历史新高；2019年虽销量下滑到16.59万辆，但仍然紧追埃及，位居非洲汽车销量第三。摩洛哥近年积极推进新能源汽车的推广，公共交通领域成为着手点。2017年9月，由东风扬子江汽车公司生产的首批10辆纯电动公交车在马拉喀什市交付，组成摩洛哥首个纯电动公交车队和首条BRT线路；同年12月，比亚迪与摩洛哥政府签署合作协议,比亚迪将在摩洛哥设立工厂,主要生产电动汽车。比亚迪是继雷诺和标致后,第三家在摩洛哥建立制造基地的汽车企业。2019 年 10 月,宇通的首批 10 辆纯电动机场摆渡车抵达摩洛哥,它们将为机场提供节能环保的全方位运输服务。摩洛哥新能源汽车的未来可期。

十、全球新能源汽车产业存在的问题

新能源汽车产业在全球范围内蓬勃发展,近年高速增长,无论是技术水平和产值规模都屡创新高;但同时,新能源汽车作为新兴产业,没有之前的相关产业发展作为参考和借鉴,目前还存在一些前所未有的新问题。

(一)提升缓慢的整体技术水平

新能源汽车产业近年发展规模迅速壮大,销量和普及率逐年提升,但前期的快速发展主要原因是各国政府对新能源汽车企业和消费者的补贴,新能源汽车相关技术提升有限。随着全球范围内的新能源汽车补贴的逐步退坡,相关企业无法得到更多的资金支持,技术提升更加缓慢,主要集中体现在核心零部件和配套设施方面。

1. 动力电池

动力电池是新能源汽车的最核心零部件,其技术发展趋势和方向往往决定新能源汽车技术整体发展的趋势和方向。早期的纯电动汽车普遍采用的是铅酸电池。铅酸电池能量密度低、体积大,会出现电池容量低、车辆重的情况,导致续航里程短。通用 EV1 诞生之初使用的便是铅酸电池,能量密度仅为 $30.9W \cdot h \cdot kg^{-1}$,续航里程仅为 96km,与当时的燃油车续航里程相去甚远。换装能力密度更高的镍氢电池之后续航里程大幅提高到 230km,但与燃油车的续航里程仍然差距明显;之后的丰田普锐斯开始大规模使用镍氢电池。1991 年,锂离子电池首次投入市场,之后被广泛用于各类电子产品,成为日常生活中不可或缺的电子器件,彻底改变了人们的生活。锂离子电池具有能量密度高、使用寿命长、续航衰减低等特点,相比于铅酸电池和镍氢电池优势明显。1997 年,日产制造出世界上第一辆使用圆柱锂离子电池的电动车 Prairie Joy EV;2008 年特斯拉推出旗下首款采用锂离子电池的纯电动跑车 Roadster,之后与松下公司深度合作,为其全系车型提供锂电池;特斯拉成为全球首家大规模使用锂离子电池的新能源汽车企业。之后,其他企业纷纷采用锂离子电池,三元正极材料的三元锂电池开始逐渐成为主流。2018 年,三元锂电池已经占据全球动力电池 60% 左右的市场份额,而能量密度也同样逐年提升,从 2017 年的 110—130W·h·kg^{-1} 普遍提升到 160W·h·kg^{-1} 以上的水准,与最早的铅酸电池相比能量密度增长近 4 倍。续航里程普遍达到 500km 左右,产品竞争力大幅提高,销量快速增长。2019 年三元锂电池处于持续增长状态,仍然占据 65% 以上的市场份额,但大部分量产车的能量密度依然在 160—170W·h·kg^{-1} 徘徊,极少数车型的能量密度可以达到 180W·h·kg^{-1},提升速度明显放缓;普遍续航里程仍然是 500km 左右,极少数车型可以达到 600km。2020 年,三元锂电池车型的续航里程还在稳步提升,能量密度高最高超过 190W·h·kg^{-1}。2020 年 4 月上市的小鹏 P7 纯电动轿车 NEDC 续航里程达到 706km,成为全球首款续航里程突破 700km 的纯电动汽车。此时,三元锂电池成本上升,成本更低、安全性更高的磷酸铁锂电池开始逐步替代三元锂电池。主流新能源汽车企业纷纷推出磷酸铁锂电池版本的车型,其中比亚迪最为积极,率先推出以磷酸铁锂电池为主体研发的刀片电池。各大企业通过结构优化,提高了内部空间利用率,弥补了磷酸铁锂电池能量密度低的不足,使车辆续航里程尽量与三元锂电池车型保持一致但价格更低。以中国市场为例,2020 年磷酸铁锂电池装机量占比上升到 38.3%,同比增长 20.6%;三元锂电池装机量占比下降到 61.1%。但由于磷酸铁锂的能量密度普遍在

140W·h·kg^{-1}左右，并且已有两年没有任何提升，再加上磷酸铁锂电池在低温条件下的续航里程衰减更严重，其在北方寒冷地区的劣势明显，推广更加缓慢。

除现有动力电池的能量密度提升缓慢之外，新一代动力电池的研发同样受阻。固态电池具有能量密度高、重量轻、体积小、安全性更高等优势，而高能量密度可以彻底解决新能源汽车续航里程短的问题，是动力电池未来发展的必然趋势。目前多家动力电池企业正在研发固态电池，部分企业已经研发出能量密度超过 300W·h·kg^{-1}的原型产品，与现有的动力电池相比能量密度提升近一倍；但由于生产成本和技术难度高，现阶段还无法投入大规模量产；“宁德时代”曾表示固态电池至少到 2025 年才能小规模商业化，目前处于过渡时期；而在这期间众多整车企业通过轻量化车身、降低风阻系数、优化电控系统等途径来提升续航里程，但提升效果十分有限。提升能量密度依然是提高续航里程的最根本途径，动力电池的技术革新仍需时日。

2. 电控系统

电控系统是新能源汽车的控制中枢，可以控制能耗、分配动力、动能回收，为新能源汽车提供多种行驶模式。电控系统曾在相当长的时间内使用 IGBT 功率模块。2019 年之后，比亚迪、特斯拉、蔚来等新能源汽车厂商开始在其量产车型上搭载更为先进的碳化硅（SiC）功率模块，但占新能源汽车企业总数的比重较小。除功率模块之外，多挡变速箱也成了近年提升纯电动汽车高速行驶状态下动力的有效方案，但目前只有保时捷、锐马克和上汽 3 家企业的部分车型采用了二挡变速箱。二挡变速箱显著提升了车辆的高速性能，保证了动力的持续输出，但同时售价偏高，普通消费者难以承受，受众群体小，效率十分有限；并且由于技术不成熟，初期使用体验不甚理想。保时捷 Taycan 纯电动跑车推出之后就因频繁出现的变速箱故障问题而饱受诟病。电控技术近年发展同样缓慢。

3. 充电技术

充电技术是重要的新能源汽车技术，其成熟度往往会影响消费者对产品的购买偏好和使用体验，进而影响新能源汽车的销量走势，最终影响到新能源汽车产业的整体发展。充电技术目前的发展趋势主要集中在高效率和智能化两方面。各大整车和电力装备企业都在积极研发更快的大功率直流充电。目前主流的公共直流充电功率可以达到60—80kW，绝大多数纯电动汽车可以在2小时左右的时间内充满电。近年特斯拉、保时捷、蔚来、小鹏等厂商开始建立自有品牌的超级充电站，满足旗下车型的充电需求，充电功率普遍在150kW以上，其中保时捷的FastCharge超级充电站的充电功率最高达到450kW，可以在20分钟内充满电。但目前超级充电站基本仅供各大厂商自有车型使用，与其他品牌新能源汽车充电接口不兼容，且无论是公共直流充电桩还是厂商自有超级充电站，其充电时间仍然无法缩短到燃油车短至数分钟的加油时间。由于充电时间较长，智能化的实时网联系统显得尤为重要。目前主流车企的车机系统都可以智能显示充电状态，甚至实现预约充电、自动充电等功能；但仍有部分车型智能化程度低，无法实现这些功能，充电效率和智能化还需进一步提高。

4. 辅助技术

除核心的三电技术外，辅助技术历来是新能源汽车的重点发展领域，特别是自动驾驶技术。新能源汽车电子器件众多、内部结构简单，非常适合自动驾驶技术的应用。近年，自动驾驶技术的重大革新都集中于新能源汽车产业，特斯拉、小鹏、蔚来等新兴企业率先投身于自动驾驶技术的研发，已经走在业界前列；同时，上汽、广汽、吉利、比亚迪、宇通等传统企业竞相开始研发自动驾驶技术；此外，英特尔、英伟达、百度、谷歌、华为等IT业巨头也纷纷跨界进入这一领域。自动驾驶技术绝大多数应用在新能源车型。目前4级自动驾驶汽车已经量产并上路,但仅限于城市运营车辆;5级自动驾驶汽车将在不久的未来推出。自动驾驶的发展前景一片光明。

自动驾驶为人们带来智能、便捷、高效、新颖的驾乘体验,是未来汽车产业革命性的发展趋势;但因为涉及高速行驶中的准确性和安全性,技术复杂程度极高,需要在车辆外围配备足够数量的传感器和激光雷达,还要配合完善的软件系统。目前自动驾驶软、硬件技术皆不成熟,问题不断,由此还会有事故发生。2016年以来,全球范围内已经发生多起相关交通事故,甚至出现伤亡,其中号称拥有最强自动驾驶技术的特斯拉,仅2019年的自动驾驶事故就导致50多人死亡,同时造成了车辆和财产损失。鉴于自动驾驶技术的不成熟和巨大风险,新能源汽车主要产销国相继推出相关法律法规来规范自动驾驶的推广应用,自动驾驶技术的发展还有很长的路要走。

5. 安全技术

新能源汽车虽然在使用能源、内部构造、技术路线等方面与燃油车差别明显,但车身、底盘、内外饰等部分与燃油车无异,同样需要ABS(防抱死刹车系统)、ESP(车身电子稳定系统)、安全气囊等配置来保障驾乘者的安全。动力电池是纯电动汽车的核心组成部分,担负着动力输出和储存能量的重任,成本往往占整车的比例最高,重量和体积相较于发动机更大。动力电池内部电压一般可达200—400V,以保证充足的动力和能量。保时捷于2018年推出的超级快充电站系统可实现最高800V电压的输出。动力电池的高电压使其成为车辆的安全防护中心。目前纯电动汽车普遍采用高级别的密封标准,如中国工信部在2021年1月1日开始实施的《电动汽车用动力蓄电池安全要求》中明确动力电池的防护等级要满足IP67的防水防尘等级要求,以确保动力电池不受外界损害,长期安全稳定。相关企业相继研发汽车安全技术:比亚迪推出的磷酸铁锂刀片电池，在针刺后依旧正常运行，安全性大幅度提升；博世将半导体整合到电气系统中，并与安全气囊传感器连接，从根源上确保了驾乘人员的安全；特斯拉建立了能够单独控制电芯的电控系统，确保单个电芯的损害不会波及动力电池组。

新能源汽车在动力电池密封防护方面安全水平远高于燃油车，但由于动力电池组要占用大量空间，与车身接触面积明显大于燃油车，加之电池内部电压较高，电路结构复杂，在出现温度过高或外部猛烈碰撞情况时往往会发生燃烧现象。电动汽车的自燃率不到 1/10000，低于燃油车的 3/10000，但动力电池内部的高电压会使温度快速升高，电池包内还含有锂、镍、钠、镁等易燃金属化合物，不仅会自身燃烧，还会产生可燃气体，可供燃烧的总能量是相同续航里程燃油车的 2 倍；如若发生燃烧，火势会迅速蔓延全车，甚至发生爆炸，驾乘者难以逃脱。此外，电池防护使灭火剂很难接触到火点，反而阻碍灭火，容易出现残余火苗，导致死灰复燃。电动汽车自燃对驾乘者造成更大伤害，致死率远高于燃油车。近年屡有电动汽车自燃事故的发生，使公众和媒体对电动汽车安全的质疑不断，降低了新能源汽车的口碑。

（二）不容乐观的整体产销量和普及程度

全球新能源汽车产业近年快速发展，产销量和普及率连年屡创新高。2015 年全球新能源汽车销量达到 54.94 万辆，占当年全球汽车总销量的 0.6%；2017 年全球新能源汽车销量猛增到 120.12 万辆，占当年全球汽车总销量的 1.2%，首次超过 1%；2019 年全球新能源汽车销量约 221 万辆，占当年全球汽车总销量的 2.4，首次突破 2%。2020 年受新冠疫情影响，全球汽车销量出现大幅度下滑，但新能源汽车销量却逆势增长，达到 324 万辆，同比大涨 46.6%，增长率甚至超过新冠疫情前的 2019 年，占全球新能源汽车总销量的4.2%，首次超过4%，销量和普及率双双再次创历史新高。截至2020年年底，全球新能源汽车保有量突破1000万辆，新能源汽车销量增速远超燃油车。但同时也应看到新能源汽车产品本身竞争力有限、配套设施不完善，再加上燃油车基数过于庞大，以及民众对燃油车的消费惯性，燃油车销量仍在持续增长，销量仍然占据汽车总销量的95%以上，展现出数量上的绝对优势，新能源汽车市场规模仍然远低于传统燃油车。此外，新能源汽车销量最前列的国家2019年之后开始出现销量下滑的现象，如近年的销量冠亚军——中国和美国，2019年新能源汽车销量首次双双出现不同程度的下滑。2020年美国新能源汽车销量再次下滑，首次被德国超越，排名跌至全球第三。中国和美国的新能源汽车销量渗透率仍然偏低，中国的新能源汽车销量渗透率为5.4%，而美国仅为2.2%，与挪威、荷兰等新能源汽车渗透率超过10%的国家相比还有不小差距，领军作用没有发挥出来。全球新能源汽车产业目前采取的方式仍然是以扶持政策为主，包括给予车辆购买权、购车补贴、车辆通行权等；这些政策在发展初期的确对销量增长起到明显的推动作用，但同时加重了政府财政支出负担。随着各个国家新能源汽车补贴的相继退坡，预计全球新能源汽车销量在未来会出现增长放缓的趋势，各国实现提升渗透率和普及率的目标依然任重道远。

（三）配套体系不完善

新能源汽车产业发展不仅仅包括产品本身的更新迭代，完善的配套体系也是其持续发展的重要保障。充换电设施是新能源汽车最主要的配套设施，承担着为新能源汽车进行电能补给的重任，但全球新能源汽车配套体系一直存在滞后于产品销量增长的问题，近年这一现象愈发严重。截至2020年6月，全球公共充电桩数量达到82.6万台，同比增长超

60%，是过去3年的最大增幅，甚至高于新能源汽车的销量增幅；但由于前期增长速度过于缓慢，公共充电桩仍然远远无法满足新能源汽车车主的需求，车桩比已经超过10∶1，主要国家的车桩比均处于较高数值。2019年英国、法国、德国的车桩比均达到7∶1左右，而同年挪威的车桩比更是达到惊人的20∶1。充电桩的极度短缺已经严重阻碍挪威新能源汽车的普及，2019年挪威新能源汽车销量仅增长9.4%，大大低于往年。充电设施不仅普及程度低，其中还包括相当比例的慢充充电桩，其速度远低于快充充电桩，纯电动汽车充满电甚至需要数小时。“充电难、充电慢”的问题已严重影响通行质量和驾乘体验。换电技术虽然效率更高，甚至媲美加油效率，但目前仅有寥寥数家企业从事此项业务的研发和运营，普及程度远低于充电设施。配套体系的滞后发展已成为当今全球新能源汽车产业发展的最大障碍，这一问题需要新能源汽车企业和电力装备制造企业共同积极应对。

（四）产业发展极不平衡

全球新能源汽车产业蓬勃发展已超过10年，产销量增速一直高于同期的燃油车，产业整体快速发展。但在产业内部仍然存在发展不平衡的现象，主要体现在以下两方面：

1. 区域发展极不平衡

全球经济一直存在区域发展不平衡的问题。截至2020年年底，全世界目前共有197个国家，发达国家与发展中国家、南半球与北半球、内陆国家与海洋国家之间发展不平衡的问题至今都无法有效解决。这一现象同样反映在了新能源汽车领域。如图15，2019年新能源汽车销量前十的国家中，中国位居销量冠军并遥遥领先，但也是仅有的发展中国家，其他国家均为发达国家。前十国家的销量之和占到全球新能源汽车总销量的90%以上，其余国家的新能源汽车销量之和的占比不到10%；相当部分国家基本不销售新能源汽车，虽然其中不乏高人均收入国家，但更多的是经济发展水平和人均收入不高的发展中国家，它们汽车销量和普及率本身较低，新能源汽车销量更无从谈起。南北半球在新能源汽车产业发展水平上的差距同样巨大：北半球一直是全球经济发展的绝对主力，主体位于北半球的亚洲、欧洲和北美洲的GDP之和占全球GDP总量的90%以上，南半球GDP总量不到10%，GDP最高的巴西仅排名全球第九；新能源汽车产业发展格局同样如此，南半球汽车产业整体发展水平远远落后于北半球，其汽车产销量仅占全球汽车产销量的5%左右；全球主要汽车企业全部位于北半球；巴西、南非、阿根廷等南半球主要汽车产销国的新能源汽车产业发展刚处于起步阶段，在全球新能源汽车产销量占比极低。南半球新能源汽车产业发展道路艰难而漫长。海洋国家由于临海，可以通过这一得天独厚的地理条件实行对外开放，以此快速发展国际贸易，在经贸往来中互相学习先进经验，在现代经济体系中占尽优势。目前全球主要经济大国和主要发达国家几乎全部为海洋国家，新能源汽车同样如此。2020年全球新能源汽车销量前十全部为海洋国家，新能源汽车销量最高的内陆国家为瑞士，仅排在第14位。

新能源汽车产销国内部的发展同样极不平衡，目前新能源汽车已经在全球超过40个国家推广普及，但国家之间的市场规模差异巨大。新能源汽车发展早期，美国是全球新能源汽车产业的领头羊，2012—2014年蝉联3年全球新能源汽车销量冠军，并且占比一直在1/3以上。2015年，中国新能源汽车销量首次超过美国，成为全球新能源汽车销量新霸主，并一直保持至今；在全球新能源汽车总销量的占比同样较高，2015—2018年连续4年的比重高达60%以上，即使是销量负增长的2019年的比重仍然在50%以上。2020年，随着欧洲新能源汽车销量的爆发式增长，中国新能源汽车销量的比重明显下降，但依然在40%以上；连续多年如此高的比重实属罕见。全球新能源汽车销量冠军虽然易主,但发展不平衡现象依旧存在。此外,新能源汽车核心零部件领域同样存在区域不平衡的问题,特别是东亚的中国、日本和韩国动力电池装机量常年占据全球动力电池装机量的95%以上,几乎垄断这一领域,其他地区根本无法与之竞争。新能源汽车产业区域极度失衡的现状仍将长期持续。

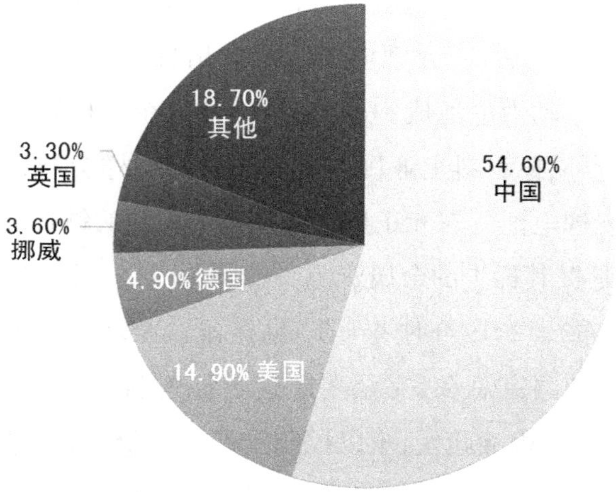

图15　2019年全球新能源汽车销量分布

2. **产业链发展极不平衡**

现代产业发展是上下游产业链紧密联系、通力合作的结果,只有产业链的良性发展才能带动产业整体健康持续发展,新能源汽车产业同样不例外。由于新能源汽车内部结构与燃油车区别明显,上中下游产业链与燃油车相比差异巨大,同时与燃油车完善的产业链体系相比有诸多不足之处,其中最主要的问题是产业链的不平衡,主要表现在两个方面。

(1)产业链割裂现象突出

新能源汽车产业链割裂现象一直存在,特别是近年上游原材料供应和中游核心零部件的割裂问题有愈发严重的趋势。目前全球动力电池以三元锂电池和磷酸铁锂电池为主,这两种类型的动力电池装机量占到动力电池总装机量的99%以上,而主要原材料过度集中在少数国家,如动力电池中必不可少的锂在地壳中的含量仅约为0.0065%，十分稀缺，然而智利一国的锂矿储量就占全球锂储量的50%以上，而摩洛哥的磷矿石储量在全球磷矿储量的比重更是高达70%以上。但上述国家的新能源汽车产业较为落后，无法通过本土相关企业消化，原材料主要用于出口，而中国、美国、德国等新能源汽车主要产销国需要大量进口此类原材料，这使得出口国有较高的议价权。同时，国际政治经济局势的变化会导致价格波动。2019年之后，三元锂电池装机量出现下降，部分是因为锂的国际价格上涨导致动力电池成本上升，迫使部分企业换装成本更低的磷酸铁锂电池。此外，原材料工业国内部局势变化同样会导致供需关系发生变化。如三元锂电池的三元正极材料中不可或缺的钴在地壳中的含量仅为0.001%，是极其稀少的金属资源。由图16可知其产量最高的国家是非洲的刚果（布）。2019年刚果（布）钴产量占全球钴产量的比重高达71.43%，远超其他国家总和，完全垄断这一原材料的供应，但由于刚果（布）政治局势动荡，内战频发，难以控制其产量和价格，已经严重影响到钴的出口，进而影响到全球三元锂电池的供应。目前已有企业开始应对和解决这一棘手问题，长城汽车旗下的蜂巢能源于2020年5月正式推出

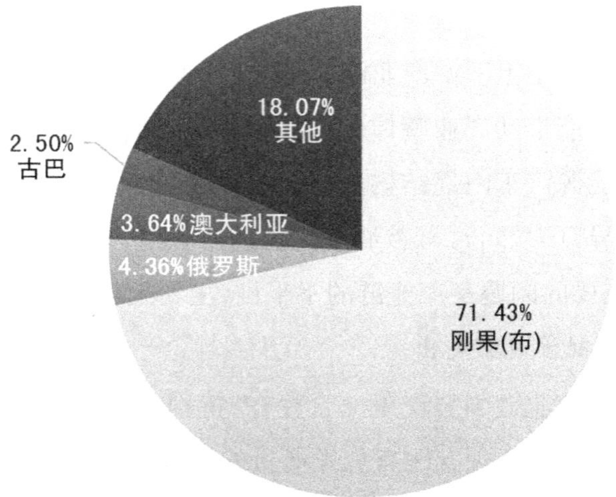

图16　2019年全球钴产量分布

NMX 无钴电池，成为全球首家成功研发出无钴电池的企业，并将于未来陆续搭载无钴电池于旗下纯电动车型。

（2）产业链整合程度不高

产业链割裂现象最有效的解决方法是企业整合自身的产业链，形成全产业链的生产体系，但目前全世界尚没有任何一家新能源汽车企业实现这一方式；不过有企业已经实现两个环节的产业链整合，其中比亚迪是目前新能源汽车产业链整合程度最高、也是效果最为明显的企业。比亚迪最初的主营业务是民用电池，之后转型进入汽车制造领域，但民用电池领域依然在持续发展。进入新能源汽车领域之后，比亚迪利用民用电池积累的优势迅速转而研发和生产动力电池；由于其整车和动力电池都是自主生产的，匹配度极高，产品竞争力强，市场反响好，之后新能源汽车销量快速攀升，使得比亚迪连续数年成为全球新能源汽车销量冠军。比亚迪还是首家建立二手动力电池回收体系的企业，动力电池二次销售为其带来持续的收入增长。比亚迪是目前全球唯一一家同时生产新能源汽车整车和动力电池的企业，并且动力电池已经开始供应其他新能源汽车整车企业；除此之外的其他企业均不具备这一实力，通常是整车企业和动力电池企业建立合作关系进行整车和动力电池的搭配，但这一过程会受到产品匹配度、企业合作关系等因素的制约，进而影响产品品质。目前除比亚迪之外的其他新能源汽车企业都在积极地整合上中游和中下游产业链，如特斯拉、长城、吉利纷纷建立自有动力电池工厂，天齐锂业收购智利锂矿企业等，但目前还无法完全实现类似比亚迪这样的垂直整合；更加高效的全产业链式整合出现在新能源汽车产业尚需时日。

十一、全球新能源汽车产业面临的挑战

全球新能源汽车目前还存在一些尚未解决的问题。近年国际地缘政治、经济发展、卫生医疗等外部环境发生重大变化,也对新兴产业的影响巨大。新能源汽车作为新兴产业中的佼佼者,面临的挑战甚至会改变其未来的发展走势。

(一)新冠疫情造成的国际经济态势不明朗

2020 年年初,一场突如其来的不明原因的病毒性肺炎迅速蔓延,它以发热、干咳、乏力等为主要表现,传播速度极快。2020 年 1 月,世界卫生组织(WHO)将病毒命名为新型冠状病毒;2 月,将新型冠状病毒感染的肺炎(简称新冠肺炎)英文名命名为 COVID-19;3 月,世界卫生组织认为新冠肺炎已具有全球大流行特征。新冠疫情的发展印证了这一观点:不到半年便已波及全球主要国家,中国、美国、日本、英国、印度等国家出现大量感染和死亡病例。2020 年下半年,由于防疫措施得当,全球新冠疫情逐步得到控制,新增感染和死亡病例明显减少,但仍然在持续增加。截至 2021 年 4 月,新冠肺炎已累计确诊病例超过 1. 33 亿,造成全球范围内近 290 万人死亡,是近年死亡人数最多的流行性传染病。随着防疫措施的持续实施和新冠疫苗的逐步接种,全球新冠疫情已经得到有效控制。

新冠肺炎不仅对人类的生命健康造成巨大危害,对整个人类社会的发展也造成了深远影响。自 2020 年年初新冠疫情暴发以来,全球主要疫情国都相继投入大量的资金、人力、物力以及社会公共资源来防控疫情和研制相关药物。各国开始不同程度地采取关闭旅游景区、封锁公共场所、禁止跨国客运等措施，以阻断人传人的主要传播途径，相关产业遭遇前所未有的冲击。2020 年，全球旅游业遭受重创，国际游客减少近 11 亿人次，降幅超过 70%，损失超过 1.3 万亿美元；全球民航客运量暴跌超 60%，降至 1999 年水平，全球航空业净亏损超过 1000 亿美元，数家航空公司因此直接倒闭；此外，制造业、建筑业、采矿业、金融业、零售业等产业同样受到较大冲击。受新冠疫情影响，2020 年全球经济遭遇严重衰退，GDP 出现多年来的首次下滑，除中国以外的主要经济体 GDP 全部负增长。

新冠疫情对全球汽车工业同样影响巨大。由于汽车工业是产业链紧密关联、共生协作的高精尖制造业，需要各个环节都正常运转才能确保完成汽车的生产，而世界主要汽车生产国由于新冠疫情纷纷采取隔离、禁运等措施，所以全球范围内的汽车产业链出现原材料和零部件供应阻断的问题，产业的上中下游出现明显脱节，特别是芯片等核心零部件的短缺使部分车型从 2020 年上半年开始陆续停产，造成产业整体下滑。全球汽车产销量 2017 年双双创历史新高，但受经济整体低迷和新冠疫情的共同影响，自 2018 年以来连续 3 年下降。2020 年全球 49 个国家总计生产汽车 7762.16 万辆，生产减少近 1500 万辆，同比降幅超过 15%，产量数据与 2010 年相当，新冠疫情造成的经济下滑使民众收入减少，而汽车作为价格较高的大宗民用产品，销量下滑明显。如图 17，2020 年全球汽车总销量仅为 7803 万辆，同比下降超 14%，销售减少超过 1300 万辆，退回到 2011 年的水平。新能源汽车作为汽车产业近年的增长亮点同样受到波及，其中中国新能源汽车销量同比增长 10.9%，虽然相比于 2019 年实现了扭降为增，但增长率远低于此前数年，市场份额已跌至 50% 以下，被欧洲反超。美国新冠疫情较为严重，累计确诊和死亡数数月位居全球首位，新能源汽车产业受到持续影响，销量更是连续两年下滑。2020 年美国新能源汽车销量仅为32.8万辆，首次被德国反超。进入2021年之后新冠肺炎仍然肆虐各国，还没有得到彻底控制，全球经济复苏尚需时日，新能源汽车产业未来的发展依然任重道远。

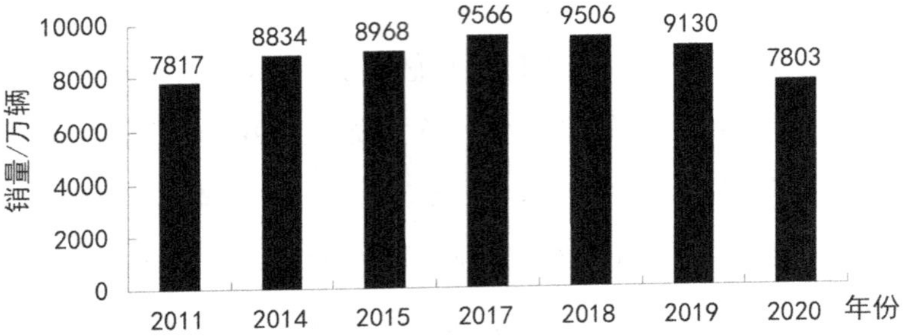

图17 全球汽车历年销量

（二）全球能源工业发展前景不明朗

汽车自诞生之日起就与能源工业密不可分，汽车工业的发展趋势与能源工业的发展走向息息相关。19世纪末第二次工业革命带动电力工业蓬勃发展。早期的汽车多采用电力驱动，相对于其他能源，电力费用相对低廉，电动汽车风靡一时，占据主流。20世纪初石油工业方兴未艾，30年代末石油国际贸易开始在全球能源贸易中占据显要位置，同时内燃机技术突飞猛进，大大超越当时的电动汽车技术。1945—1973年是世界石油行业急速增长的第二个“黄金时期”，此时燃油车已经占据绝对主流，之后发展开始出现波动。1973—1990年发生了3次全球范围内的石油危机，影响到全球整体经济发展，甚至导致局部战争的发生；与此同时，全球电力工业发展迅速，特别是第三次工业革命进一步促进和扩展了电力能源在高新技术方面的应用，电力工业进入新的发展时期，逆变、高压输电、无线充电、新能源发电等新技术层出不穷。电力能源是二次能源，可以通过多种自然资源加工而成，几乎不存在短缺问题，全球发电量逐年提升，屡创新高。21 世纪初，全球所有国家和地区已经全部实现通电。2010 年之后，新能源汽车快速发展，其中的重要原因是发电量的逐年增长和电力设施的逐步完善。新能源汽车数量的爆发式增长同时也在增加电力消费的需求，电力工业和新能源汽车产业互相促进各自发展，这一良性循环促使发电量持续增长。2019 年全球发电量达 27004.7TW·h，创历史新高，电力工业迎来史上最佳的发展阶段。全球电力工业蓬勃发展的同时存在隐患：发电量增速明显放缓，同比增长率仅为 1.5%，远低于同年新能源汽车销量的增长率；电力行业内部发展极不平衡。2019 年全球电力消费为 25800TW·h，同比增长 1.4%，是自 2009 年用电量负增长以来的最低增速。与此同时，用电量低于发电量，产能略微过剩。发达国家与欠发达国家在电力工业发展水平方面的差距巨大；电力结构仍然不合理，非再生燃料发电仍然占据主导地位，占总发电量的 73.1%，其中以燃煤发电为主，其次是燃气发电，再生能源仅占总发电量的 26.9%，占比仍然偏低，全球电力工业仍然存在高污染、高能耗的问题。

在全球电力工业发展出现起伏的同时，其他能源工业同样经历震荡：石油是现代社会最重要的自然资源之一，其本体及衍生品被广泛运用于汽车、机械、航空、建材等领域，被称为工业发展的“血液”，石油工业甚至能左右国家的经济发展走向。由于石油是不可再生资源，只能通过开采来获取，所以产量会出现一定波动。2019 年全球石油产量达 44.85 亿吨，同比下降 0.3%，而同期全球已探明石油储量为 17339 亿桶，约合 2400 亿吨，按目前全球产量计算，足够开采超过 50 年。石油虽然为不可再生资源，但短期内不存在短缺问题，发展态势良好。天然气广泛应用于工业生产、交通运输、居民生活等领域，是重要的战略能源。2019 年全球天然气产量为 3.99 万亿立方米，探明剩余可开采储量为 198.8 万亿立方米，足够开采近 50 年，同样没有短缺隐患。电力、石油和天然气短期内皆不存在短缺问题，这 3 种能源目前都可以用作驱动汽车的燃料。电力单价最低,但由于配套设施建设不完善,补能的便捷性同样较低;汽柴油价格最高,但因为配套设施完善,补能的便捷性最高;天然气的价格和补能便捷性介于电力和汽柴油之间。目前三大能源工业在汽车领域各有优劣势。汽车产业是能源消耗大户,三大能源工业未来在此领域的竞争会日趋激烈,发展前期不可预料。

(三)相关产业间的利益争夺

在新能源汽车产业的发展早期,由于传统燃油车企业在新能源汽车领域的研发实力弱、技术水平低,并且燃油车占汽车总量的比例极高,所以传统燃油车企业并没有对这一新兴领域进行大规模的研发投入;新能源汽车产业主要是以比亚迪、特斯拉等在新能源整车和零部件方面已经形成规模优势的企业进行推动。近年新能源汽车销量快速增长,增速远超燃油车,销量、保有量和渗透率连创新高。除政策激励外,新能源汽车本身具备的诸多优点也吸引着越来越多的消费者购买。由于相当一部分新能源车主之前的身份是燃油车主,所以新能源汽车取代燃油车是未来汽车产业的必经之路,传统燃油车企业见此趋势也纷纷加大在新能源汽车领域的研发投入。目前全球主流汽车企业绝大多数涉足新能源汽车领域,新能源汽车终将取代燃油车已成为全球汽车产业参与者的共识。

汽车产业不仅需要依靠自身发展,还需要与其相关产业的发展紧密相连。能源工业是目前与汽车产业联系最为紧密的产业,主要包括石油工业和电力工业,特别是石油工业。自 1859 年全球第一口油井开钻以来,石油工业已有超过 160 年的发展历史,发展时间甚至长于汽车工业。汽车产业目前是消耗石油的第一大产业,占全球石油消耗量的近 1/3,和石油工业的发展相辅相成、共同促进;两大行业至今仍是全球工业领域的重要组成部分。2018 年世界 500 强企业中汽车整车及零部件企业入围

34家，石油企业入围31家，两者总和达65家，占入围企业总数的13%。排名前十位的企业有中国石油化工、中国石油天然气、荷兰皇家壳牌石油、英国石油和埃克森美孚等5家石油公司，大众汽车和丰田汽车也同样成功上榜。前十中，石油企业和汽车企业共占据7席，处于绝对统治地位。石油工业展现出在营收和利润方面的巨大优势，预计在未来仍然会继续保持这一优势。

石油工业稳固领先的局面近年开始发生变化。新能源汽车产业的快速发展使得与之相关度较高的产业得到同步发展，比如为新能源汽车提供主要能源的电力工业、为新能源汽车提供智能网联功能的互联网产业，相关营业收入和排名显著提升。中国最大的电力企业——国家电网，近年发展迅速，2016年营运收入达到3394.26亿美元，由国内第三上升到第一；同年的世界500强排名由2015年的全球第七一举跃升至全球第二，仅次于美国沃尔玛，这一排名一直保持到2018年。国家电网已连续3年成为中国最大、全球第二大企业，其中的重要原因是新能源汽车保有量的快速增长促进其发电量和相关电力装备方面的持续增长，再加上国家电网的特高压输电技术与纯电动汽车充电需求的高度契合；已经建立完成的全球规模最大的纯电动汽车高压充电网络，是其新的业务高增长点。此外，互联网巨头亚马逊近年开始涉足新能源汽车领域。2014年亚马逊营业收入仅为744.52亿美元，排名世界500强企业第112位，之后的营业收入和排名开始连年递增；2020年其营业收入已经增长到2805.22亿美元，排名更是一路飙升，首次进入全球前十，排名第九，成为全球最大的互联网企业。与此同时，石油公司的上榜数量由2018年的31家减少到2020年的24家。2021年世界500强中石油企业仅有两家进入前十，衰退态势明显；同年国家电网和亚马逊以3866.18亿美元和3860.64亿美元的营业收入分别排名第二、三位，未来发展前景一片光明。

电力工业和互联网产业对石油工业的冲击显而易见，于是全球石油工业开始采取应对措施以保持领先地位。全球产油大国对石油供求关系的控制程度开始进一步加强,从而影响到消费市场。自2019年下半年起,国际原油价格开始剧烈震荡,持续下行。2020年石油价格同比下跌20.5%,多国油价大幅降低,主要产油国原本较低的油价由于油价暴跌而更加低廉,委内瑞拉油价甚至低于0.01美元/升,几乎等同于免费,而沙特阿拉伯、伊朗、科威特、土库曼斯坦等国的每升油价均低于0.5美元。这些国家无论是新能源汽车制造业还是新能源汽车销量基本上是空白,并且在未来长期内还将保持这一态势。于是,全球主要大型石油公司开始利用资金和渠道优势积极转型进入新能源汽车领域,共同争夺新能源汽车产业这一新兴市场。中国石油和中国石化早在数年前就开始布局电动汽车的充电站建设,并已在太原、北京等城市的加油站内建设自有充电站。2021年4月,中国石化和蔚来合作的首座智能换电站在北京落成,标志着中国石化正式进入换电站的布局。埃克森美孚、壳牌石油等公司纷纷推出新能源汽车的相关润滑油产品。得益于石油公司在新能源汽车这一新的增长点,2019年中国石化和中国石油两大石油公司营收收入均超过国家电网,排名世界500强第二和第三位,相关产业在新能源汽车市场的竞争在未来仍将长期存在。

(四)地方保护主义

在新能源汽车发展的初期,出于对萌芽阶段的新兴产业的保护目的,各国政府部门除给予相关扶持政策之外,还采取限制外来同行业竞品的手段来促进本土产业发展。新能源汽车产业主要产销国都实施过相关措施,如中国不免除进口新能源汽车的购置税、美国对进口新能源汽车加征关税、德国取消进口新能源汽车的补贴等。日本由于对插电式电动汽车的认定标准与其他国家不尽相同,甚至出现过进口新能源汽车无法在本国登记注册的问题。随着新能源汽车技术水平和产品质量的逐步提高，各主要产销国开始逐步放宽对外资新能源汽车品牌的限制，美国、中国、德国都相继允许外资企业进入本国设立工厂，比亚迪、特斯拉、大众等厂商先后在海外设立多家新能源汽车工厂。2020 年，由于新冠疫情在全球范围内的蔓延，国际市场需求大幅下降，国际贸易受到巨大冲击，2020 年全球主要经济体的货物进出口总额均出现不同程度的增速放缓甚至是下降。受此影响，贸易保护主义重新抬头，新能源汽车作为重点发展的新兴产业同样如此，开始出现限制外资新能源汽车企业的现象。受新冠疫情和新政策的共同影响，以新能源汽车为主要出口产品的比亚迪，2020 年汽车出口量出现大幅度下滑，部分订单产品无法按时交付，1—11 月的汽车出口量同比暴跌 63.3%，进而影响到其全年总销量。德国除保持现有的新能源汽车进口政策之外，对外资新能源汽车在本国的工厂项目开始加以限制，特斯拉在德国的工厂由于当地政府的干预均出现了推进受阻的问题。随着新能源汽车主要产销国新贸易措施的持续实施，全球范围内新能源汽车的地方保护主义仍将继续。

十二、全球新能源汽车产业面临的机遇

全球新能源汽车产业目前虽然存在一些问题，面临不少挑战，但同时也面临着巨大的机遇。

（一）全球范围内的节能环保理念逐渐深入

人类文明早期阶段的经济发展以农牧业和手工业为主，生产力水平低下。战争以冷兵器（不利用火药、炸药等热能系统的作战装备）为主要武器，无论是生产还是战争对自然环境的破坏程度都较小。人口减少的主要原因包括战争、瘟疫、自然灾害等。第一次工业革命之后人类正式开始工业化，蒸汽机的出现使生产力水平大幅度提高，以其为动力的轮船随之被发明出来，海洋航行更加高效；各国贸易量迅速增长，全球进入经济高速发展期。但由于早期发展经验、预防措施不足，随之而来的是前所未有的环境污染问题，其一直伴随着工业化的发展而同步恶化。19 世纪下半叶的第二次工业革命使人类社会开始使用内燃机和电气设备，生产力大幅度提高，人类的生活质量出现质的飞跃，而火器在军队的快速普及使战争由冷兵器时代迅速进入热兵器时代。20 世纪初坦克和飞机的发明使战争进入海陆空立体作战时代，武器打击范围更广、杀伤力更大。20 世纪上半叶发生的两次世界大战都大规模使用了枪械、火炮、坦克、装甲车等热兵器，最后阶段甚至使用原子弹这一打击范围极广、杀伤力巨大的核武器，造成战后严重核辐射。两次世界大战给人类造成前所未有的深重灾难，对生态环境也造成极大的破坏。二战后，参战各国深刻认识到战争的巨大危害，纷纷开始走和平发展的道路。之后的第三次工业革命使科技开始飞跃式发展，全球经济迅速恢复并快速发展，但能源、冶金、机械等重工业又重新对生态环境造成较大污染和破坏，全球各地先后发生多起重大环境污染事件。日本自 1956 年开始陆续发生水俣病、米糠油事件、骨痛病等一系列污染事件，受害者上万人，数百人死亡；2011 年 3 月 11 日发生的日本大地震造成福岛第一核电站的核泄漏，导致周边土地和海洋严重污染；1984 年苏联切尔诺贝利核电站发生爆炸，导致大量放射性物质泄漏，超过 10000 平方公里土地受到严重污染，4000 多平方公里土地被废弃，超过 320 万人受到超量核辐射，17 万人在事故发生后 10 年内死亡；上述事件对水和土壤造成严重污染和破坏，危害至今都无法消除。

大气污染是环境污染的重要组成部分，因为空气扩散速度快、易于传播，危害巨大。扬尘、工业生产和尾气排放是造成大气污染的三大主要原因。空气污染物包括二氧化硫（SO_2）、二氧化氮（NO_2）、一氧化碳（CO）、可吸入颗粒物（PM10）、细颗粒物（PM2.5）、臭氧（O_3）等。历史上曾发生过数起严重的大气污染事件：20 世纪 50 年代之前比利时和美国发生过 3 起烟雾事件，发病者上万人，数百人死亡；1952 年 12 月 5—8 日，英国伦敦被浓厚的有害烟雾笼罩，能见度极低，直到 9 日才逐渐散去，直接导致多达 4000 人死亡，之后 2 个月内有 8000 多人相继死亡，史称“伦敦烟雾事件”；1961 年日本四日市连续 3 天烟雾不散，导致哮喘病大流行，原因是自 1955 年以来该市石油冶炼和工业燃油产生的废气严重污染城市空气，重金属微粒与二氧化硫形成硫酸烟雾，这造成超过 800 人染病、数十人死亡；1984 年 12 月 3 日美国联合碳化物属下的联合碳化物（印度）有限公司设于印度中央邦首府博帕尔市贫民区附近的一所农药厂发生氰化物泄漏，45 吨毒气形成一股浓密的烟雾，以每小时 5000 米的速度袭击博帕尔市区，造成 2.5 万人直接致死、55 万人间接致死、20 多万人永久残废的人间惨剧。帕博尔毒气泄漏案是有史以来最严重的工业化学事故和大气污染事件，造成惨重损失，影响巨大。除大气直接被污染之外，二氧化碳等温室气体排放量激增同样导致近年全球气温的不断上升。2020 年全球平均气温达到 14.9℃，是有记录以来全球平均气温最高的年份。氟氯碳化物、海龙等人造化学物质被大量使用，造成南北两极上空的臭氧明显减少，出现臭氧空洞，臭氧层无法有效阻挡太阳光中的紫外线照射，从而对整个生物圈造成巨大伤害。

大气环境问题已经严重人类的身体健康和社会发展，成为全球要共同面对和急需解决的环境问题之一。联合国大会于 1992 年 5 月 9 日通过《联合国气候变化框架公约》（简称框架公约），1994 年 3 月 21 日生效，是全人类第一个以条约形式要求承担保护地球气候系统义务的执行性文件，也是国际社会在应对全球气候变化问题上进行国际合作的基本框架；之后联合国从 1995 年开始每年在全球不同国家和地区轮换举行联合国气候变化大会，邀请世界各国政府相关负责人和专家学者齐聚一堂，旨在减少温室气体排放、共同商讨应对方案。截至 2016 年 6 月，加入该公约的缔约国共有 197 个，首次缔约方大会在德国柏林召开。1997 年 12 月在日本京都召开的第三次缔约方大会制定并通过《京都议定书》，其中明确规定了全球温室气体的减排时间表、减排目标以及各成员国碳排放权的分配方案。《京都议定书》是框架公约下首个减排协定，是人类历史上首次以法规的形式限制温室气体排放。2005 年在加拿大蒙特利尔召开的第 11 次缔约方大会上，《京都议定书》正式生效；到 2009 年 2 月共有 183 个缔约国通过该条约。同年 12 月，在丹麦哥本哈根举行的第 15 次缔约方大会上，来自 192 个国家的谈判代表在哥本哈根共同商讨《京都议定书》一期承诺到期后的后续方案，大会制定《哥本哈根协议》，这是继《京都议定书》后又一具有划时代意义的全球气候协议书，被喻为“拯救人类的最后一次机会”。2015 年 12 月，在法国巴黎召开的第 21 次缔约方大会正式通过《巴黎协定》，协定的长期目标是将全球平均气温较前工业化时期上升幅度控制在 2℃以内，并努力将温度上升幅度限制在 1.5℃以内。《巴黎协定》是继《京都议定书》之后在框架公约下达成的第二份全球减排协定，于 2016 年 11 月 4 日正式生效。

早期的联合国气候变化大会主要聚焦在减少工业生产的温室气体排放上，但近年居民生活的温室气体排名呈快速上升态势，在温室气体总排放量中的占比越来越高，燃油车尾气中的二氧化碳排放量已经占到总排放量的 15% 左右，是温室气体的主要来源之一，此外汽车尾气含有固体悬浮颗粒、一氧化碳、碳氢化合物、氮氧化合物、硫氧化合物等有害成分，还会造成大气污染。为此联合国开始重视汽车尾气排放对大气环境的危害。2015 年的第 21 次缔约方会议上比亚迪首次提出城市电动交通项目，旨在通过推广零排放的电动汽车的方式解决城市大气污染的问题。2016 年在摩洛哥马拉喀什举行的第 22 次缔约方会议上，中国、美国、日本、法国等 8 个国家共同签署《政府公车宣言》，承诺增加其政府用车中电动汽车的比例，并号召其他国家采取同样措施。得益于近年新能源汽车保有量的快速增长，大气环境得到明显改善。2020 年全球温室气体排放量减少约 24 亿吨，同比下降约 7%，新能源汽车的大量使用在其中起到了重要作用。

新能源汽车不仅可以显著降低尾气对大气环境的危害，还可以大幅度减少对传统能源的使用；因为电动汽车使用电能为驱动能源，完全不消耗任何化石能源。燃油车使用的汽柴油原料的石油是不可再生资源，而石油由于其极高的实用价值，早已成为重要的战略资源；全球各国为争夺石油资源不惜使用各种手段，甚至爆发过第二次世界大战、海湾战争等全球范围内的大规模战争，为人类社会带来过深重灾难。全球目前已探明的石油储量大约 50 年后将会消耗殆尽，同时由于国际石油供求关系的极不平衡，各国汽柴油价格差距巨大，最高甚至超过 2 美元/升，用车成本较高，已经影响到居民日常生活质量；而电力资源是可再生资源，由于发电成本较低，相同里程的耗电成本远低于耗油成本，普遍仅为1/10左右，发电大国如中国为优化电子资源配置、提高发电低谷时段的利用率，开始采用日间和夜间区别收费的峰谷电收费模式，夜间谷电时段价格更低，新能源汽车一般在夜间充电，使用成本进一步降低，相比于燃油车的成本优势更加明显。新能源汽车的节能环保理念目前已经得到全球范围内的广泛接受。

（二）后疫情时代汽车消费理念的转变

2020 年的新冠疫情对全球经济发展造成较大影响，但同时制药、电子商务、医疗器械等产业却因此得到快速增长，新能源汽车同样如此。防疫措施关停了大量空间封闭、人员密集的公共交通和室内公共场所，汽车作为可以单独隔离的交通工具开始受到青睐。传统燃油车以 4S 店的室内公共场所线下销售模式为主，疫情防控措施导致意向消费者无法前往 4S 店，线下销售模式受到极大冲击，销量受到较大影响。而众多新能源汽车企业采用网络直销模式，可以实现 APP（手机软件）下单、在线付款和户外场景交付的一站式购买，有效避开了公共场所聚集传染的风险。除此之外，新能源汽车的静谧性和舒适性在实现隔离效果的同时给予使用者更好的驾乘体验，这一先天优势是燃油车无法比拟的。2020 年欧洲新能源汽车销量达到 139.5 万辆，同比大增 137%，2015 年以来首次超过中国，成为全球新能源汽车最大市场。新能源乘用车销量占整个欧洲乘用车市场的比重已达到 11%，欧洲新能源汽车市场份额首次突破两位数，全球主要市场中新能源汽车占有率最高；德国、法国、瑞典、意大利增长均超过 1 倍。欧洲新能源汽车在 2020 年实现惊人的快速增长，除自身产品力进一步提升和补贴政策持续实施之外，新冠疫情下汽车消费理念的重大转变也是其重要原因。欧洲文化向来看重生活品质和隐私保护，新能源汽车高度符合这一理念。随着新冠疫情的持续，欧洲乃至全球对新能源汽车的接受程度越来越高,新能源汽车销量将会持续增长。

(三)高度成熟且基本停滞不前的燃油车技术

汽车诞生至今已有近140年,燃油车在其中近100年时间里一直是发展主力,即使是在新能源汽车快速发展的今天,燃油车在销量和保有量方面依然占有压倒性优势,燃油车技术一直引领着汽车整体的技术发展。发动机将燃料在机器内部燃烧放出的热能直接转换为动力,主要担负驱动车辆行驶的重任,其成本占到汽车总成本的1/3左右,是燃油车的核心零部件。早期的发动机使用化油器点火,结构简单、效率低下。1897年曼恩公司制造出世界上第一台高压缩型自动点火柴油发动机,大幅度提高发动机的性能和效率,发动机实现首次重大突破。1936年戴姆勒—奔驰公司制造出世界上第一辆搭载柴油发动机的汽车。20世纪50年代之后柴油发动机开始广泛使用。1955年奔驰推出全球首款缸内直喷量产车300SL,与当时普遍采用化油器的同排量汽车相比动力水平高出近1倍,再一次大幅度提高发动机的性能和效率。1957年德国人汪克尔发明转子发动机,取消了无用的直线运动,零件数比传统往复活塞式发动机少40%,具有质量轻、体积小、转速高、功率大等显著优点。1967年日本东洋公司(马自达公司前身)取得转子发动机生产权利,之后的马自达持续进行技术改进和研究,成为世界上唯一研发和生产转子发动机的汽车公司。而同一年,保时捷成功研制出D型电子喷射装置,随后被用在大众等德系轿车上;之后萨博公司将航空涡轮增压技术运用到汽车领域,于1977年推出全球首款涡轮增压量产车Saab 99,进一步提升汽车的性能和效率。20世纪90年代之后,发动机技术迭代速度加快,可变气门正时、可变压缩比等新技术层出不穷,电子喷射、涡轮增压等技术开始广泛应用;同时化油器等老技术在21世纪初彻底退出历史舞台。发动机技术日渐成熟，发动机种类数以百计，可以完全满足不同层次消费者的需求，同时变速箱、底盘技术随之同步发展完善。2010 年之后燃油车技术已经高度成熟，燃油车依然牢牢占据汽车产业的绝对主力地位。

技术成熟是汽车产业蓬勃发展的优异表现，但这同时意味着提升空间缩小，开始遇见发展瓶颈，某些技术难题一直无法解决。如图 18，可知转速与扭矩的关系。由于发动机先天物理特性，起步扭矩效率低、无法线性加速等问题始终存在，而其自身不能控制扭矩和转速，所以必须要配备变速箱来利用多个挡位的不同传动比来实现车辆扭矩和转速的改变；但搭载变速箱之后传动系统零部件增加，结构更加复杂，不可避免地会降低传动效率，使得目前发动机热效率普遍低于 40%，即使是目前全球最高效的马自达转子发动机，其热效率仍然低于 50%；变速箱的加入还同时增加了整车重量和顿挫感，影响性能和驾驶体验。这些问题至今没有有效的解决方法。2015 年之后，燃油车发展开始进入缓慢时期，而此时新能源汽车以其先天特性有效地解决了这些问题。驱动电机只有单级减速器，是固定传动比，不存在多挡位，在起步阶段就能迸发出最大扭矩，并且可以持续线性加速；同时由于是单一挡位，不需要变速箱，结构更加简单，动力传输效率更高。目前驱动电机热效率普遍在 90% 左右，最高甚至可以达到 95%，远超发动机的热效率。电动汽车可以在同样动力参数的条件下实现更高的实际性能表现，同价位的电动汽车性能普遍强于燃油车。目前全球加速最快的量产车是 Rimac C-Two，其百公里加速达到惊人的 1.86s；而燃油车领域至今没有进入 2s 内百公里加速的量产车型。近年传统燃油车企业开始越来越多地借助新能源汽车技术，法拉利、迈凯伦、保时捷等超跑厂商开始为旗下燃油车加入驱动电机，研发和生产混合动力汽车，进一步提升车辆整体性能。此外，驱动电机以价格低廉的电能为主，不需要进排气，不存在“三滤”（机油滤清器、燃油滤清器、空气滤清器），使用和保养成本显著低于燃油车。近年，比亚迪、丰田等企业也开始研发能耗更低的混合动力汽车。

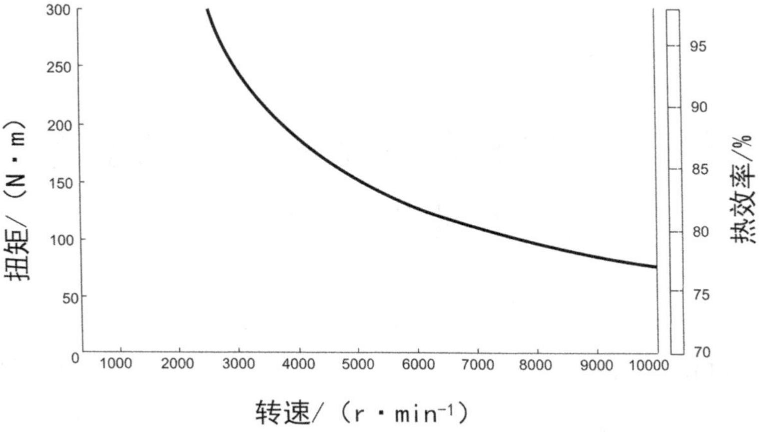

图 18　驱动电机热效率曲线图

除核心技术之外，燃油车和辅助技术同样停滞不前。由于内部机械零件多，电气设备少，燃油车难以实现大量使用电子器件的智能网联、自动驾驶等功能。目前燃油车自动驾驶级别普遍在1—2级别，大部分车辆仅能实现定速巡航等基本功能；而纯电动汽车内部电子器件多，大容量动力电池供电稳定，较容易实现高级别的自动驾驶。目前主流纯电动汽车可以实现3级自动驾驶，宇通、长安、东风等品牌已经实现旗下4级自动驾驶电动汽车的上路运行，智能网联功能已经成为目前几乎所有纯电动汽车的标准配置。此外，在电池技术没有重大突破的现状下，里程焦虑倒逼新能源汽车企业纷纷使用辅助技术从侧面提升续航里程，使得轻量化车身、低风阻系数、隐藏式外饰、热泵式空调等技术开始被广泛应用于纯电动汽车产品；而类似技术在燃油车领域几乎止步不前。燃油车的这一颓势给了新能源汽车可乘之机，性价比高的优秀新产品接踵而至，燃油车新产品却乏善可陈；二者此消彼长，新能源汽车销量渗透率连创新高，这一汽车产业的总体趋势还将持续下去。

十三、碳中和目标下的全球新能源汽车产业发展路径

碳中和(carbon neutrality)是指企业、团体或个人测算在一定时间内,通过植树造林、节能减排等形式,抵消自身产生的二氧化碳排放,从而实现二氧化碳的零排放。碳中和的概念最早起源于1997年,2007年《新牛津美国字典》将“碳中和”评为当年年度词汇,获选主要因为它作为最初由环保人士倡导的一项概念开始逐渐获得越来越多民众支持,并且成为受到美国政府当局重视的实际绿化行动。2007年1月29日,联合国政府间气候变化专门委员会(IPCC)在巴黎举行会议,历时5天的会议在2月2日结束,会后研究小组发表了一份评估全球气候变化的报告。报告的初期版本预测,到2100年,全球气温将升高2—4.5℃,全球海平面将比现在上升0.13—0.58m;报告还指出过去50年来的气候变化现象中有90%的可能是由人类活动导致的。在2007版的《新牛津英语词典》中,“carbon neutrality”被正式编列。2013年7月,国际航空运输协会提出的航空业“2020年碳中和”方案浮出水面,该方案对各国各航空公司最实质的影响是:要为2020年后超过排放指标的部分买单,交纳实际上的“碳税”。2018年10月,联合国政府间气候变化专门委员会发布报告,呼吁各国采取行动,为把升温控制在1.5℃之内而努力。为实现这一目标,各个国家都需要在土地、能源、工业、建筑、运输、城市等领域展开快速和深远的改革。

碳中和是近年联合国气候变化大会和各国环境保护实施措施的主要组成部分,是人类减少二氧化碳排放量的主要手段。新能源汽车作为节

能环保的先锋,在减少二氧化碳排放方面同样发挥着重要作用。碳中和会成为今后减少温室气体排放量的长期举措,全球新能源汽车产业参与者要在碳中和背景下制定出更加符合产业未来发展的路径。

(一)始终坚持以创新为核心的发展路线不动摇

创新是产业可持续发展的根本驱动力,是实现新能源汽车产业跨越式发展的重要途径。2020 年全球新能源汽车销量逆势大涨的事实证明,技术创新无论何时都是产业发展的原动力。全球新能源汽车产业在技术方面和模式方面的持续创新,可以保障产业的发展活力。

1. 技术创新

新能源汽车产业初期发展迅猛,销量自 2015 年开始激增,明显高于汽车总销量的增长率。虽然增长率位居高位,但主要还是大力度的产业扶持政策在起关键作用,特别是补贴之后的车价相对于燃油车具有较大优势,性价比突显,吸引消费者购买。由于过分依赖补贴,企业普遍缺乏技术创新的动力,新能源汽车核心技术发展不成熟,续航里程、电控管理和安全防护方面的技术水平仍然不高,几乎是在靠价格优势弥补技术劣势。2017 年后,全球主要新能源汽车产销国的补贴纷纷退坡,开始倒逼新能源汽车企业加快提升产品技术含量。2017 年之前,纯电动汽车续航里程普遍在 300km 左右,与燃油车里程相去甚远,2017 年之后动力电池的能量密度开始快速提升,同时电控水平持续优化。2018 年,纯电动汽车续航已经普遍达到 400—500km,部分车型甚至可以达到 550km;加速水平也有明显提高,涌现出一批百公里加速成绩在 4s 左右的民用轿车和 SUV。2019 年新能源汽车技术开始遇到瓶颈,创新不足,提升放缓,续航里程和加速性能仍然在前一年水平徘徊,同时新能源汽车补贴开始大幅度退坡;两方面因素的叠加对全球新能源汽车销量产生较大影响。2019年全球新能源汽车销量同比增长率仅为9.5%,首次跌破10%,远低于之前的高增长率,创近年新低。新能源汽车企业痛定思痛,将技术创新摆在首要位置。2020年新能源汽车技术再次大幅度提升,最大续航里程普遍达到600km,小鹏P7将续航里程提高到700km以上。加速水平同样提升明显,比亚迪汉EV将市售纯电动汽车家用车的百公里加速水平缩短至4s内。受新冠疫情影响,2020年全球汽车销量同比大降,但新能源汽车却丝毫不受影响,销量大涨46.6%,增量首次超过100万辆;在补贴逐年退坡的形势下重回高增长时代,实属不易,这其中技术的突飞猛进成为最重要的因素。

(1)动力电池

电池技术是新能源汽车的最核心技术,其发展趋势往往决定着产业的整体发展走向。近年,动力电池在能量密度方面显著提升,从早期的普遍不足100W·h·kg^{-1}提高到2020年的180W·h·kg^{-1}左右。进入2021年之后,动力电池能量密度更是进一步实现突破。宁德时代、LG、松下、比亚迪、中航锂电等电池企业都在积极研发高能量密度电池和固态电池。2021年10月上市交付的美国豪华纯电动汽车Lucid Air的EPA(U.S. Environmental Protection Agency)续航为832km,是全球首款续航里程超过800km的量产上市的纯电动汽车。在2021年11月中国工信部公布的新能源汽车推广应用推荐车型目录(2021年第10批)中,广汽AION LX Plus纯电动SUV的动力电池能量密度达到205W·h·kg^{-1},NEDC续航里程达到1008km,是全球首款能量密度超过200W·h·kg^{-1}、续航里程超过1000km的纯电动汽车。此外,蔚来、比亚迪、上汽智己等整车企业都计划在未来推出装配半固态电池的新能源车型。

新能源汽车自燃率虽然低于燃油车,但动力电池一旦起火,极易产生爆炸,造成远高于燃油车的人身和财产损失。近年,动力电池制造企业除专注提升电池性能之外,还积极在电池安全领域创新。2020年3月,比亚迪率先发布主打新能源车辆安全的刀片电池，该电池可以轻松完成针刺试验，首先搭载于汉车型。比亚迪汉上市以来销量节节攀升，截至2021年年底没有发生过一起电池起火事故。2021年3月，广汽埃安发布弹匣电池系统安全技术，并顺利通过针刺热扩散试验，实现电池整包针刺不起火，旗下车型截至2021年年底没有引发过重大安全事故。2021年9月，长城汽车发布大禹电池，可实现电芯化学体系全覆盖，在任意位置的单个或多个电芯触发热失控的情况下能保证电池包不起火、不爆炸，长城汽车将其率先搭载在旗下沙龙汽车产品。未来动力电池安全性将会显著提升，为使用者提供更加安全的驾乘环境。

除了动力电池技术本身，作为新能源汽车重要的保障技术，充换电技术一直在持续发展，已经得到了巨大提升。保时捷已经研发出最高功率可达350kW的超级充电技术，可以使普通家用纯电动汽车在15分钟内充至80%电量；特斯拉、蔚来、小鹏的超级充电桩可以达到180—250kW的充电功率，实现30分钟内充至80%电量。即便如此，目前充电速度仍然不及燃油车加油的速度，并且由于涓流充电，最后阶段的充电速度明显放缓，实际的充电时间可能更长。纯电动汽车的充电效率与燃油车加油相比差距仍然明显。近年兴起的换电技术成为新能源汽车能源补给的新方式。蔚来汽车和北汽新能源的换电站可以在5分钟以内完成纯电动汽车的电池更换，几乎追平燃油车的加油时间，是解决里程焦虑的最有效方法。

(2)电控系统

电控系统是新能源汽车的控制中枢，其重要性不言而喻。电控技术在新能源汽车产业初期发展缓慢，近年才开始快速发展，特别是在新材料这一领域。以往的新能源汽车普遍采用IGBT模块，近年新兴的碳化硅开始应用于纯电动车型。英飞凌、比亚迪、三菱、日立、“中车时代”等全球各大IGBT生产商都在积极研发新能源汽车的碳化硅功率模块系统，特斯拉、比亚迪、蔚来等企业也已经开始陆续使用碳化硅功率模块。碳化硅功率模块系统能显著提升电控系统的整体效率和使用寿命，是电控技术未来的发展趋势。

混合动力汽车作为纯电动汽车替代燃油车的过渡车型，近年同样在电控技术方面取得重大突破。混合动力汽车虽然可以有效解决长途出行的里程焦虑问题，但馈电情况下的能耗甚至高于同级燃油车的能耗，再加上其售价也普遍高于同级燃油车的售价，因此处境尴尬，销量长期停滞不前。2021 年 1 月，比亚迪发布 DMI（Dual Mode Intelligent）超级混动技术，史无前例地用单速行星齿轮取代了燃油动力总成中的变速箱，并使用其自研的高热效率的骁云发动机。DMI 系统主要依靠大功率高效电机进行驱动，发动机的主要职责是在高效转速区间发电，并在合适的时机直接驱动车辆，使其轻松实现馈电情况下的超低油耗。比亚迪 DMI 车型在馈电状态下的百公里油耗普遍低至 4 升左右，彻底解决了之前的高油耗问题。这一显著成效离不开其高效发动机和电控系统。这一革命性技术一经发布，立即引起业界关注，DMI 车型上市后订单积压，供不应求，立即成为市场热销车型，提高了混合动力汽车的整体销量。此外，理想 ONE、岚图 FREE、金康赛力斯等增程式车型层出不穷。增程式电动汽车的电控技术同样更新换代、持续热销。混合动力汽车市场由于革命性的技术突破，重新开始繁荣。

（3）驱动电机

驱动电机直接驱动车辆行驶，是新能源汽车的核心组成部分。由于驱动电机在起步阶段就可以释放出最大扭矩，所以新能源汽车加速性能远超同档次的燃油车。但驱动电机在后程高速阶段中扭矩快速衰减，单一齿比也使其极速普遍不如同档次燃油车。近年，驱动电机技术在性能、材料、系统等方面持续革新。早期的单台驱动电机输出功率普遍不足 100PS。随着生产工艺和技术水平的日渐成熟，驱动电机输出功率逐步提升，到 2018 年时普遍在 150PS 左右。2019 年上市的保时捷 Taycan 纯电动轿跑的后电机功率最高达 476PS，刷新当时驱动电机的最高功率纪录。

早期的驱动电机采用的是圆线材料,2015 年之后扁线电机开始陆续取代传统圆线电机,成为驱动电机的未来发展趋势。由于驱动电机体积小、无需变速箱,所以可以在车身内布置多个驱动电机。目前大部分在售新能源车型普遍采用单/双电机配置差异化销售,丰富不同价位的产品线,部分车型甚至布置三个驱动电机,进一步提升性能。永磁同步电机和交流异步电机各有自身的优缺点,近年整车企业开始将这两种驱动电机组合使用,以达到优化综合性能的目的。特斯拉、蔚来等企业已经推出永磁同步电机和交流异步电机混合搭载的车型,综合性能较之前车型有明显提升。驱动电机今后的技术会更加多元化。

(4)辅助技术

除核心技术之外,新能源汽车辅助技术同样突飞猛进。由于里程焦虑问题一直存在,加之新能源汽车补贴逐步退坡,提高续航里程成为新能源汽车企业的当务之急。在电池技术暂时无法取得重大突破的困境下,轻量化车身、低风阻系数、隐藏式外饰、热泵式空调等提高续航里程的辅助技术开始被广泛应用于新能源汽车领域,它们对续航里程有不同程度的提升。燃油车之前一直无法有效解决的 NVH 问题在新能源汽车领域变得迎刃而解。驱动电机的先天静谧性和平顺性使噪声和振动显著降低,甚至出现高端豪华燃油车的 NVH 不如价格远低于自己的低端平民纯电动汽车的奇特现象。而智能网联技术在新能源汽车先天的结构优势下大放异彩,几乎成为新能源汽车的标准配置。辅助技术的日新月异不仅使新能源汽车核心产品实力加强,同时还使舒适性和功能性大幅度提升,新能源汽车的综合竞争力进一步提高。

2. 模式创新

技术创新是引领新能源汽车产业发展的源动力,但只有技术是不够的,需要相应的方法和手段将产品推销出去。近年,新能源汽车产业涌现出诸多不同于以往商业模式的新模式。

(1)直营销售模式

在传统燃油车时代,集整车销售(Sale)、零配件(Sparepart)、售后服务(Service)、信息反馈(Survey)四位一体的4S店销售模式占据主流,消费者一般采用现场购买的方式购车。但由于4S店普遍是中间代理商运营,生产企业监管难度大,所以有乱收费、强制配置、捆绑销售、欺诈消费者等问题,一直饱受诟病。近年随着互联网技术的飞速发展,移动在线支付开始流行普及。由于纯电动汽车智能网联程度高,与在线服务高度匹配,所以特斯拉、蔚来、小鹏、理想、威马等造车新势力厂商纷纷采取直销(网络购买)为主的在线销售模式,实现下单、付款、交付、售后等全流程服务,完全省去中间4S店代理商环节,实现价格完全透明公开。在此模式下,消费者可以在基础车型上自由选装配置,实现专属个性化定制。各大企业还同时在城市中心商业区建立仅作展示和试驾的品牌体验店,以此提高知名度,吸引潜在客户。直销模式有效解决了传统4S店长久以来的遗留问题,但由于是全新事物,获得大众接受需要时间,短期内对已经存在上百年历史的4S店模式冲击有限。2020年席卷全球的新冠疫情使这一情况发生重大变化,严格的防疫措施使4S店大面积关闭,直接导致消费者无法购买产品,但直销模式可以实现全程无接触式在线购买,即使是在疫情防控期间同样可以销售新车。得益于此,特斯拉2020年全球销量达到49.95万辆,同比大增35.8%,蝉联全球新能源汽车销量冠军,蔚来、小鹏、理想等企业也都实现了高增长。2021年之后,传统燃油车企业开始借鉴直销模式,纷纷建立采用直销模式的高端纯电动汽车子品牌,上汽集团的R汽车、吉利集团的极氪汽车公司先后成立,新能源汽车产业开始引领销售模式方式变革。

(2)"车电分离"商业模式

传统新能源汽车因为动力电池固定在底盘不可更换,所以是按整车价格进行销售的。由于目前动力电池成本较高、技术还不成熟,新能源汽车续航里程有限且价格较高,产品吸引力有限,与燃油车竞争时处于劣势。换电技术可以让车辆和动力电池分离,为厂商提供可以单独销售动力电池的可能性。相关企业根据这一独有特性,探索出新的商业模式——“车电分离”,即动力电池与车辆分离,单独进行销售和租赁。租用电池可以将一次性购买的成本分摊到每月,极大地缓解了消费者的资金压力。2010 年,国家电网率先提出“车电分离”商业模式,并在众泰和海马换电出租车上进行试点。蔚来在 2017 年年底发布的首款车型 ES8 上推出电池租用方案,车主可以一次性支付电池费用或者按月支付租赁费用来使用动力电池,这是全球首个推出的针对私人乘用车市场的“车电分离”商业模式,引起业界关注。2018 年 7 月,北汽新能源正式推出针对私人车主的“车电分离”方案,允许车主租用动力电池。2019 年 9 月蔚来推出电池包升级方案,用户可根据自身需求将 70kW · h 电池包升级为 84kW · h 电池包,这使得蔚来成为全球首家在不更换车辆的前提下升级动力电池容量的企业,新能源汽车续航里程得到有效提升。蔚来在 2020 年又推出 100kW · h 电池包,进一步提升续航里程。2021 年 12 月,蔚来正式推出电池灵活升级体系,用户可以按月、年和永久升级电池包,更加灵活自由。目前已经有数十万消费者享受到了“车电分离”模式带来的便利和实惠。“车电分离”商业模式今后会进一步推广到更多的换电车型上,让更多车主从中受益。

(3)营运车辆定制

营运车辆指报告期末经主管机关核准,可参加营运的车辆。营运车辆可以从事以营利为目的的道路运输经营活动,包括客车、货车、出租车等车型。营运车辆大多在相对固定的时间和地点进行经营,需要严格控制经营成本。近年汽柴油价格不断攀升,使得营运车辆的运输成本连年上涨,但调高价格又容易造成客户流失,造成营运车辆经营困难。虽然有部分出租车开始改用天然气,但成本下降十分有限,营运车辆市场一度陷入两难境地。纯电动汽车续航里程相对同级燃油车稍短,但使用成本远低于汽柴油和天然气,这可以使运营成本大幅降低,而且固定地点的经营方式使其可以提前规划路线，方便补充能源，避免里程焦虑；纯电动汽车的优势十分明显。近年全球许多国家和地区开始逐步将营运车辆变为纯电动汽车。中国山西省太原市于2016年年底将主城区8292辆出租车全部更换为纯电动汽车，成为全球首座实现出租车100%电动化的城市，所有纯电动出租车均为比亚迪e6；阿联酋迪拜在2017年率先将出租车更换为特斯拉纯电动汽车，收到良好反馈；2017年年底，中国广东省深圳市实现纯电动公交100%全覆盖，该市每天都有超过1.6万辆公交车在道路上行驶，是全球首座实现公交车全面电动化的大城市，也是全球纯电动公交应用规模最大的城市；2019年1月中国广东省深圳市出租车纯电动化率达98.57%，已经基本实现全电动化，超过2.1万辆纯电动出租车使深圳成为全球纯电动出租车规模最大的城市；全球知名打车应用开发商优步（Uber）于2017年开始通过与汽车企业合作、给予司机补贴等方式在全球范围内普及纯电动汽车；美国、挪威、英国、法国、加拿大、德国、日本等国家也开始陆续将燃油客车替换为纯电动客车。

新能源营运车辆的快速推广让越来越多的企业投身于这一前景广阔的领域。以往汽车生产企业和营运企业仅是买卖关系，各自独立经营。已经普及的新能源汽车智能网联功能使整车企业可以自主建立车辆运营管理的远程网联系统，出现了可以直接在网上预约网约车这一新兴事物，这连接了汽车生产和运营两个方面。近年整车企业纷纷自主成立网约车营运公司，吉利曹操出行、北汽首汽约车、上汽享道出行等出行服务品牌相继成立，这些品牌还生产针对出行服务的定制网约车，与传统出租车市场竞争，打破了出租车之前的垄断格局，繁荣出租车市场，使消费者最终受益。除自主成立营运公司外，整车企业还与营运公司深度合作：2018年6月，银隆新能源为珠海定制生产的500辆海豚公交正式上路运营；2021年3月，比亚迪专为滴滴出行生产的定制网约车——比亚迪D1正式上市，该车仅对滴滴注册的网约车营运驾驶员开放销售；此外，比亚迪还为日本、英国、以色列等国家生产定制纯电动大巴。今后还会有更多的定制新能源营运车辆投入市场。

技术创新和模式创新为新能源汽车产业发展带来了质的飞跃，这样的内在实力提升在碳中和时代显得尤为重要。目前全球新能源汽车企业大多建立起了产品的自主研发体系，它们需要继续坚定不移地走创新道路，推动新能源汽车产业可持续发展。

（二）以市场需求为核心导向扩大产业规模

新能源汽车产业发展初期，由于技术不成熟，加之市场考察调研不充分，部分传统燃油车企业为节约成本和精力，同时为了得到补贴和完成双积分任务，直接将现有燃油车型改造成新能源车型，最典型的车型是以大众为代表的“油改电”车型。大众曾经推出过朗逸、高尔夫、宝来等燃油车的纯电动版本。由于燃油车是根据发动机的体积、结构、进排气等特性来设计外观、底盘和内部空间的，所以燃油车普遍是前脸通风、轴距稍短、内部空间局促；但短轴距无法布置大容量动力电池，通风进气格栅影响风阻系数，两者都不同程度地影响了纯电动汽车的续航里程，而不规则的布置方式会导致车辆前后配重不等、重心失衡，影响驾乘体验，不合理的电机和电池布置还会造成安全问题；所以，大众的纯电动汽车普遍出现动力弱、续航短的严重问题。大众 2019 年推出的纯电动汽车续航里程甚至不足 300km，远低于市售的主流车型，销量十分惨淡。此外，丰田、奔驰、宝马、上汽也推出过类似车型，最终均以相同结局收场。“油改电”车型是传统燃油车企业对新能源汽车市场的应付和妥协，最终以失败而告终。

相对于传统燃油车企业投机式的“油改电”路线，新能源汽车企业更多的是采取平台化路线，建立新能源汽车专属平台，特斯拉、蔚来、小鹏、理想等纯电动汽车企业自不必说，比亚迪、长城、吉利、奔驰等燃油车企业也相继推出自有的新能源汽车专属平台。比亚迪作为全球新能源汽车的先驱,拥有完整的平台体系,其 BNA 架构为比亚迪品牌旗下的各个车型提供了极大的灵活性,并可以更快地建立针对特定市场的外形变化和作出对区域配置需求的反映,同时降低产品的整体复杂性,从而增加产品的稳定性和耐用程度。BNA 架构包括 DM 平台和 e 平台这两大主要平台,其中 DM(Dual Mode,双模式)平台主攻混合动力车型,唐 DM、宋 DM、秦 DM 等热销混动车型均出于此。2021 年年初,比亚迪又新推出 DMI 车型,将 DM 平台又细分为主打性能的 DMP 车型和主打节能的 DMI 车型;e 平台主攻纯电动车型,唐 EV、宋 EV、秦 EV、元 EV 等王朝系列热销纯电动车型以及 e 1、e 2 等 e 网车型均出自这一平台。目前 DM 平台和 e 平台都发展到第三代即 DM3.0 和 e 平台 3.0,比亚迪平台体系日渐完善。此外,蔚来 NT 平台、小鹏 SEPA 平台、吉利 SEA 浩瀚架构、长城 ME 平台和奔驰 EVA 平台都是各自的专属纯电动汽车平台。平台化车型普遍具有封闭前脸、同级长轴距等特性,可以最大程度发挥纯电动汽车的优势,推出更具市场竞争力、更加满足消费者需求的优异产品。近年的新能源汽车销售主力军都是平台化产品。今后平台化将是新能源汽车企业的必经之路,可以持续扩大新能源汽车的产业规模。

(三)完善产业保障体系,加快相关配套设施的建设

新能源汽车产业发展至今,产品本身的技术水平和工艺质量已经得到显著提升,与燃油车相差无几,在加速性能、智能网联、NVH 等方面甚至还存在较大优势;全球新能源汽车销量近年的快速增长得益于此。但现代产业发展往往是成体系的链式发展,所有环节都是发展体系中不可或缺的组成部分,任一环节出现问题都会影响产业整体的发展。配套产业环节往往会被产业主体忽视,因为其发展一般对产业整体造成的影响有限;但作为重要的保障体系,发展一旦严重滞后于产业主体,同样会对

产业整体发展产生重大影响。充换电配套设施的发展滞后已经成为产业发展的最大阻碍。全球新能源汽车销量持续快速增长的背景下需要从以下几方面着手解决阻碍:

1. 尽快制定相关针对性规划和政策

新能源汽车产业的发展初期,主要产销国就相继出台各自的产业规划和扶持政策。新能源汽车产业在规划、政策以及产业自身发展的多重加持下销量快速增长,但政府和企业对配套设施的忽视也为其埋下隐患。如今充换电设施发展滞后的现状使主要产销国政府开始重视并制定相关规划和政策,如中国政府2020年10月发布的《新能源汽车产业发展规划(2021—2035年)》中首次明确将充换电网络建设列为单独部分,标志着配套设施开始与产品同等重要。此外,英国、挪威、日本等国相继出台各自充电设施方面的规划,但至今各国尚没有出台任何一部新能源汽车配套设施方面的针对性规划或政策,对充换电网络的建设提升仍然十分有限。新能源汽车主要产销国应尽快出台配套设施方面的规划和政策,特别是在制度上破解停车难、物业刁难、燃油车占充电位等社会问题,促进充换电网络的建设。

2. 加快充换电网络建设速度

全球公共充电桩近年快速增长。截至2020年年底,全球公共充电桩数量已超过100万台,过去7年的年复合增长率达到32%,远超加油站的增长速度,主要原因是燃油车产业的发展已经高度成熟,加油站需求量目前处于接近饱和状态,但充电桩的数量增长速度仍然明显低于新能源汽车销量的年增长速度。新能源汽车的车桩比近年高居不下,目前主要产销国的车桩比均超过5∶1,这已经开始制约新能源汽车的推广普及。近年,新能源整车和相关装备制造企业持续加大力度建设充换电网络,其中新能源整车企业主要以建设自有网络为主。特斯拉作为充电网络的先驱，建设进度处于全球最前列。截至2020年年底，特斯拉全球超级充电桩数量已经超过两万个，遍布六大洲，是目前全球最大的单一厂商充电网络。北汽、蔚来、小鹏、宝马、保时捷等企业都在积极发展各自的自有充换电网络，其中北汽和蔚来作为掌握换电技术的企业，同时在布局换电站的建设。蔚来已经建成全球最大规模的高速公路换电网络。此外，国家电网、特来电等电力设备企业同样在大力建设公共充电桩网络，国家电网已经建成全球最大规模的高速公路充电网络。在整车和电力设备制造商的共同努力下，充电网络的建设已经取得长足进步，但目前仍然落后于新能源汽车的销量增速。2021年10月中国工信部印发《关于启动新能源汽车换电模式应用试点工作的通知》，决定启动新能源汽车换电模式应用试点工作。纳入此次试点范围的城市共有11个，其中综合应用类城市8个（北京、南京、武汉、三亚、重庆、长春、合肥、济南），重卡特色类3个（宜宾、唐山、包头），相关政策的支持将进一步加快换电网络的建设。

3. 完善动力电池报废和回收机制

动力电池长期使用后会出现电解质活性减弱的现象，与此同时，电池容量也会逐渐下降，造成续航里程的缩短。使用到一定期限的电池会给汽车的行驶带来一定的安全隐患，同时会使汽车在加速、续航方面上的性能大幅度降低。当电池容量衰减到初始容量的60%—80%，便已达到设计的有效使用寿命，需进行更换。电动乘用车电池的有效寿命在4—6年，电动商用车的电池有效寿命仅约3年，而动力电池到期后通常的处理方式是更换电池或报废整车。随着新能源汽车的保有量和在汽车总量占比的逐年提高，报废动力电池的数量也急剧增加；但报废动力电池的最终流向没有统一的处理标准和流程，一般由各个汽车和动力电池的生产企业以及专业机构进行处理。

目前企业的电池报废回收体系主要分为两种：企业内部再利用和对外二次销售。企业内部再利用是指对报废的动力电池进行重新检测和处理，用于企业内部生产再利用。例如丰田，它是全球最早生产混合动力汽车的企业，并在这一领域耕耘已久，其镍氢电池回收和处理体系早在销售早期就已开始建立。早在 1998 年，丰田便启动废旧镍氢电池回收计划；2009 年，丰田混合动力汽车全球累计销量达到 225.7 万辆，丰田开始在销售混合动力车辆的国家建立回收指导；2010 年，丰田延长电池回收协议，在有条件的地区确保动力电池的百分百回收；2012 年，丰田开始电机稀土材料的回收；2013 年，丰田开始尝试镍氢电池梯次利用。丰田的电池回收流程是首先建立回收网络，然后对回收电池进行评估，根据对电池特性的诊断结果，将处理方式分为 3 种：进入维修体系、梯次利用和拆解。不同情况的动力电池被细化处理，有效地提高了电池的利用率。近年，大众、宝马、通用等企业也都开始建立废旧动力电池的报废回收体系。

二次销售回收的动力电池同样成为近年相关汽车企业新的报废电池处理方式。对报废动力电池进行再处理、重新推向市场销售，既能节约生产成本，又能增加销售收入，同时还解决了报废动力电池的闲置问题。目前包括比亚迪、北汽、荣威等多家新能源汽车企业都在进行二次销售模式的探索。比亚迪已经连续四年成为全球新能源汽车的销量冠军，同时还是全球第二大动力电池制造商；庞大的整车需求导致比亚迪废动力电池的激增，促使其较早地开展动力电池回收业务。由于比亚迪本身涉足储能产品，而消费者又对储能产品的体积和能量密度要求不高，于是能量密度和处理成本都较低的报废动力电池成为储能产品的理想原材料。比亚迪的储能产品，从家庭储能系统，到中间级别的工商业储能产品，再到公用级别的集装箱系统，全方位地覆盖了目前的市场需求。截至 2018 年年底，比亚迪已经为全球合作伙伴提供了近百个工业级储能解决方案，储能产品远销 21 个国家、96 座城市，覆盖全球六大洲，出货总量超 600 MW · h。根据 CNESA（中关村储能产业技术联盟）全球储能项目库的统计，2018 年全球新增投运的电化学储能项目中，比亚迪在中国储能系统集成供应商中排名第一，并在全球的储能市场中占据重要地位；这样的成绩得益于比亚迪成熟的报废电池回收体系。

此外,目前已经有部分新能源汽车企业开始着手建立“都市矿山”。以北汽新能源为例,该公司已经建立了整套动力电池回收系统,建设了电池梯次利用、电池无害化处理和稀贵金属提炼的工厂,使用物理和化学方法将锂电池的主要成分重新提纯、回收利用,并提供给相关的生产企业,实现对整个产业链矿产资源的循环可持续利用。

(四)制定适合自身的路线,走特色发展道路

新能源汽车至今已在全球超过40个国家推广普及,遍布六大洲,但由于各国地理、政治、经济、文化等方面差异明显,新能源汽车产业的发展规模、水平、趋势都各不相同,呈现出不同的发展战略和路径:中国的新能源汽车研发水平先进,同时境内新能源汽车所需的原材料资源充足,插电式电动汽车和氢燃料电池汽车同步发展,车型涵盖齐全,是全球唯一的在整车、零部件和配套设备制造方面都能保持领先地位的国家;美国和德国的新能源汽车技术发达,但动力电池和氢燃料电池汽车领域几乎是空白,以发展插电式电动汽车为主;法国的动力电池和氢燃料电池汽车领域同样是空白,以纯电动汽车为绝对发展主力;日本的动力电池产业发达,但由于本国特殊的地形条件以及长期不足的电力供应,主要发展普通混合动力汽车和氢燃料电池汽车,辅以发展插电式电动汽车;韩国的动力电池产业同样发达,但由于其在插电式电动汽车领域起步较晚,主要发展氢燃料电池汽车,辅以发展纯电动汽车;挪威、英国、瑞典、荷兰等国的新能源汽车制造业相对薄弱,以推广普及为主,并取得了显著效果;马来西亚、泰国、新加坡、墨西哥、澳大利亚、南非、巴西等新兴新能源汽车产业发展国仍然没有根据自身的特点制定发展路线,产业发展缓慢。主要产销国要继续保持和发挥各自优势,按照适合自身特点的路线可持续发展;而新兴

国家要尽快根据自身特点找准定位，制定针对性的发展路线，走特色发展道路，实现快速发展。

（五）加强协同合作，促进全球产业共同发展

当今的产业协同合作不仅包括与外部的其他产业的协同合作，还包括产业内部的协同合作；优化产业内部的协同发展机制，才能提升产业内部的发展效率。新能源汽车目前存在区域和产业链之间协同发展不足的问题，需要从以下两方面入手解决：

1. 区域协同发展

全球新能源汽车产业近年飞速发展，但至今整体上仍然是各自为政的松散式发展模式，即便有欧盟、东盟等大型区域一体化合作组织出台推进共同发展新能源汽车产业的相关规划和政策，但由于各国政治、经济、文化差异较大，产业发展水平还是不尽相同；而且，一体化合作组织的产业专业化程度并不高，无法提出针对性的促进产业发展的具体措施，规划和政策无法真正落地，执行效果十分有限。主要产销国之间如中国—德国、美国—欧盟、日本—韩国等国虽然建立了新能源汽车产业发展联盟，但影响范围小，最终依然无法有效促进全球产业持续快速发展。

面对此种形势，全球新能源汽车产业应积极应对。目前尚没有任何全球范围内的专业性新能源汽车产业合作组织。主要产销国应尽快牵头规划成立产业联盟、合作论坛等全球性的产业合作组织，提出层次更高、范围更广、专业性更强的对策建议，加强国际的合作，促进各国新能源汽车产业共同发展。此外，新能源汽车产销国如中国、美国、德国等国应在各自大洲发挥带头表率作用，牵头建立区域间新能源汽车产业一体化合作组织，促进区域新能源汽车产业发展。

2. **产业链协同发展**

产业链的脱节和割裂近年持续阻碍全球新能源汽车产业发展,甚至出现过上下游供应问题导致相关企业停产的严重后果,究其原因是产业链各方独立发展、缺乏协同,某一方可能暂时受益,但长远来看最终受损的还是产业整体。近年全球新能源汽车业界已经开始认识到这一问题,各个企业开始通过产业链间的合作、入股、收购等方式逐步加强相互之间的协同发展:“宁德时代”、LG、松下等动力电池企业与多家新能源整车企业建立稳固的合作关系,打通零部件企业与整车企业的产业链壁垒;德国大众、宝马、奔驰等整车企业与博世、采埃孚、大陆等零部件企业在新能源汽车领域深度合作,促进本国新能源汽车产业快速发展;比亚迪通过垂直整合,成为全球首家集动力电池和新能源整车制造于一身的企业,并开始向其他新能源整车企业供应动力电池;赣锋锂业、天齐锂业等锂产品巨头相继收购全球大型锂矿,并开始自主研发动力电池。全球新能源汽车产业通过产业链的协同发展正一步步走向成熟,在不远的未来也将会出现全产业链的整合模式。

参 考 文 献

[1]侯福深. 新能源汽车技术的发展与智能控制[J]. 集成电路应用,2017(2):76－80.

[2]刘双源. 新能源汽车技术现状与发展前景分析[J]. 山东工业技术,2017(6):76－77.

[3]才艺欣,王贺武,叶强,等. 深圳和杭州电动出租车充电或换电池服务的商业模式[J]. 汽车安全与节能学报,2013(1):54－60.

[4]高佳威,崔晨,顾天琪,等. 电动汽车电池快换装置[J]. 河南科技,2018(31):92－93.

[5]蒋燕萍,陈佩军,陈海燕. 电动汽车集约型换电设施的设计研究[J]. 发电技术,2019(6):535－539.

[6]谢达文,刘国华,钱慧慧,等. 电动汽车电池快换商业模式探究[J]. 中外企业家,2019(1):125.

[7]Baker N,Dupont L,Munk-Nielsen S,et al. IR Camera Validation of IGBT Junction Temperature Measurementvia Peak Gate Current[J]. IEEE Transactions Power Electronics,2017,32(4):3099－3111.

[8]王立,李述体,江风益,等. GaN 基发光材料[J]. 化学教育,2001(10):3－6.

[9]Fuchs ERH,Field FR,Roth R,et al. Strategic materials selection in the automobile body: Economic opportunities for polymer composite design[J]. Composites Science and Technology,2008(68):1989－

2002.

[10] Joost WJ. Reducing Vehicle Weight and Improving U. S. Energy Efficiency Using Integrated Computational Materials Engineering[J]. JOM,2012,64(9):1032-1038.

[11]李永兵,陈长年,郎利辉,等. 汽车铝车身关键制造技术研究[J]. 汽车工艺与材料,2013(3):50-58.

[12] Hassan SF, Islam MT, Nouari S, et al. Mg6Zn0.4Ca0.5Cu alloy: Physically blended microalloyed lightweight alloy with significantly high strength and ductility[J]. Journal of Alloys and Compounds, 2019,787(5):1015-1022.

[13]宋燕利,杨龙,郭巍,等. 面向汽车轻量化应用的碳纤维复合材料关键技术[J]. 材料导报,2016,30(17):16-25,50.

[14]黄志勇. 电动汽车用两档位变速装置设计研究[J]. 内燃机与配件,2020(16):24-25.

[15]刘春玲,张友坤. 一种电动汽车变速时多速变速箱的拓扑变化模型[J]. 科学技术与工程,2020(2):1657-1662.

[16]李聪波,朱道光,胡芮,等. 电动汽车两挡动力系统参数与控制策略集成优化[J]. 计算机集成制造系统,2019(7):1706-1716.

[17]张琼,胡俊. 纯电动汽车双电机两档动力系统控制策略研究[J]. 黄河科技学院学报,2020(8):27-31.

[18]刘全有,赵福全,杨安志,等. 浅析汽车风阻系数[J]. 农业装备与车辆工程,2012(11):59-62.

[19]孙灏. 汽车流线型外观影响的数值模拟[J]. 河南科技,2019(20):41-44.

[20]孙海君,袁晓伟,王琦,等. 基于空气动力学的发展对未来新能源汽车外观的设计[J]. 国际公关,2020(2):230.

[21]李勇,武银路. 纯电动汽车外饰造型影响因素及特征设计趋势

研究[J]. 包装工程,2020(6):72 - 80.

[22]冉玲,孟爱妮. 飞鱼悬浮电动汽车的设计[J]. 科学技术创新,2019(32):147 - 148.

[23]攸川卜,徐国栋. 电动汽车设计分析与发展趋势[J]. 时代汽车,2019(19):61 - 62.

[24]王宝中,张富明,路春光,等. 正逆向设计在电动汽车外观曲面造型中的应用研究[J]. 机械设计与制造,2018(2):131 - 134.

[25]高永伟. 电动汽车外观设计与研究[D]. 青岛:青岛大学,2017.

[26]孙彪,杨静怡. 符号学理论下的电动汽车外观设计应用分析[J]. 设计,2013(1):126 - 129.

[27]张月玥. 基于品牌基因的比亚迪“汉”新能源汽车造型设计[D]. 昆明:昆明理工大学,2017.

[28]郑明高. 产业融合发展研究[D]. 北京:北京交通大学,2010.

[29]王世进. 新能源汽车推广商业模式研究[J]. 经济体制改革,2013(3):101 - 104.

[30]龚露阳. 新能源汽车在交通运输行业推广应用策略研究[J]. 综合运输,2017(2):35 - 42.

[31]范如国,冯晓丹. “后补贴”时代地方政府新能源汽车补贴策略研究[J]. 中国人口·资源与环境,2017,27(3):30 - 38.

[32]孙红霞,吕慧荣. 新能源汽车后补贴时代政府与企业的演化博弈分析[J]. 软科学,2018(2):24 - 29.

[33]张景新,王兴艳,胡红梅. 后补贴时代,中国新能源汽车产业如何发展?[J]. 新经济导刊,2018(11):64 - 67.

[34]邹芸螺,朱艳阳. “后补贴”时代新能源汽车产业发展路径实证研究[J]. 当代经济,2017(16):13 - 15.

[35]王勇. 后补贴时代的新能源汽车[J]. 能源,2018(8):52 - 57.

[36]赵金丹. 后补贴时代新能源汽车产业的发展[J]. 产业与科技论坛,2017(7):15 - 16.

[37]孟得志. 试论“后补贴时代”新能源汽车的发展策略[J]. 山东工业技术,2018(23):238.